एक समन्दर मेरे अंदर

(कविता संग्रह)

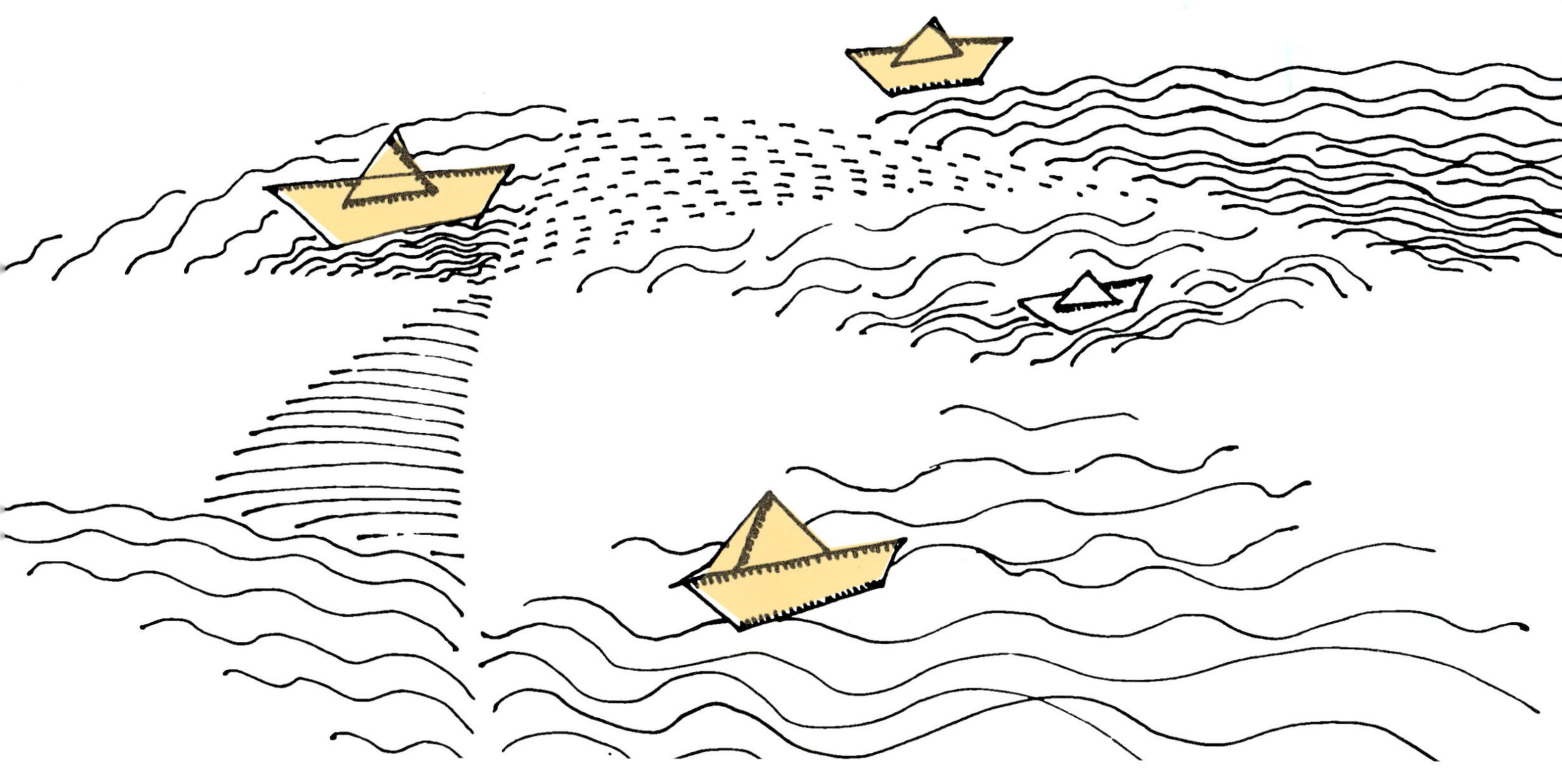

एक समन्दर मेरे अंदर

(कविता संग्रह)

डॉ. संजीव कुमार जोशी "निश्छल"

MANJUL

मंजुल पब्लिशिंग हाउस

MANJUL

मंजुल पब्लिशिंग हाउस

कॉरपोरेट एवं संपादकीय कार्यालय

◆ द्वितीय तल, उषा प्रीत कॉम्प्लेक्स,
42 मालवीय नगर, भोपाल-462 003

◆ सी-16, सेक्टर 3, नोएडा, उत्तर प्रदेश, 201301

वेबसाइट : www.manjulindia.com

यह संस्करण 2024 में पहली बार प्रकाशित

एक समन्दर मेरे अंदर

ISBN 978-93-5543-287-2

संजीव जोशी इस पुस्तक के
लेखक होने की नैतिक ज़िम्मेदारी वहन करते हैं

मुद्रण व जिल्दसाज़ी : न्यूटेक प्रिंट सर्विसेस-इंडिया

पूज्यनीय माँ, पिताजी और
मेरे समस्त गुरुओं को समर्पित

अपनी बात

इस पुस्तक को प्रकाशित करने का मेरा उद्देश्य केवल अपनी कविताओं या रचनाओं को आप सभी के सम्मुख रखना मात्र ही नहीं है, अपितु आप सभी को साहित्य, संगीत और कला का रसास्वादन एक साथ कराना भी है। इस कविता संग्रह को मैंने नवाचार के माध्यम से परिपक्व, लेकिन अल्पज्ञात चित्रकार श्री संजय अहलूवालिया जी और एक मंझे हुए, लेकिन अल्पविख्यात रंगकर्मी तथा स्वरसाधक श्री धर्मेन्द्र मीना (राहुल आमठ - रंगमंच नाम) की कला को आपके सामने पुस्तक में संजोकर पेश किया है। हर कविता के साथ, उसके बारे में कुछ कहती अहलूवालिया जी की अमूर्त कला है और साथ ही साथ कुछ कविताओं को राहुल आमठ जी ने स्वर देकर क्यूआर कोड में कैद किया है, जिसका आनंद आप अपने मोबाइल से क्यूआर कोड स्कैन करके ले सकते हैं।

जब हर कविता के लिए चित्र बनाने की बात हो रही थी तो उस समय रंगों वाले चित्रों के बजाय मैंने अहलूवालिया जी से कहा कि वे रेखाओं के साथ अलग-अलग रूपों में कविता के मूल भाव को पकड़ते हुए सिर्फ़ रेखाचित्र बनाएँ और रंग भरने का कार्य पुस्तक पढ़ने वाले पर छोड़ दें। पाठक स्वयं हर रेखाचित्र में अपनी कल्पना के रंग भरेगा, जो उसे वर्तमान समय में तनाव से निपटने में भी सहायक सिद्ध होगा, साथ ही साथ वह इसे अपनी व्यक्तिगत पुस्तक के रूप में भी संभाल कर रख सकेगा।

बढ़ते तनाव, कोविड महामारी और अवसाद जैसी समस्याओं से निपटने के लिए भी रेखाचित्र प्रयोग किए जाते हैं और आजकल वयस्कों के लिए भी कलरिंग बुक्स बाजार में उपलब्ध है, जिसे क्रियेटिव थेरेपी या एडल्ट कलरिंग बुक भी कहते हैं।

चलो ये बात तो हुई कविता संग्रह के वर्तमान रूप के बारे में, लेकिन बचपन से कवि से वैज्ञानिक या वर्तमान में ब्रह्मोस में होने के नाते तकनीकी प्रशासक तक का सफर बड़ा उतार-चढ़ाव भरा रहा। कहाँ से शुरुआत करूँ समझ नहीं आ रहा, लेकिन एक बात निःसंकोच कह सकता हूँ कि हिंदी से मेरा अगाध प्यार तो माँ के गर्भ से ही हो गया था। मेरी मातृभाषा घर पर कुमाऊंनी और बाहर ज़्यादा से ज़्यादा हिंदी थी, इसलिए मेरे लिए कुमाऊंनी और हिंदी प्रकृति प्रदत्त भाषाएँ थीं। ईश्वर ने मेरी आत्मा को एक ब्राह्मण परिवार में शरीर दिया था।

संस्कृत, कर्मकांड, रामचरितमानस, सुखसागर, श्रीमदभगवद्गीता, सूरसागर का पठन एक आम बात

थी; इसलिए स्वतः अध्यात्म, संगीत और दर्शन आदि का प्राकृतिक रूप से प्रादुर्भाव तो होना ही था। पिताजी शिक्षक थे और माँ विवाह के कुछ समय पश्चात गृहस्थाश्रम संभालने हेतु शिक्षण कार्य छोड़ चुकी थीं, लेकिन स्वभाव सदा ही शिक्षक वाला रहा। घर पर भी अधिकांशतः या तो पिताजी के शिक्षकगण मित्र होते थे या शिक्षा-अभिलाषी छात्र। अतः ज्ञान के अनवरत प्रवाह में हम भी तैरते रहते थे और यही वो वजह है, जिससे शायद बचपन में कभी घर पर बहुत ज्यादा किताबें सामने खोलकर पढ़ी ही नहीं, क्योंकि श्रुति से ही काम चल जाता था।

बचपन से ही जब किसी कक्षा में प्रोन्नति होती थी तो मेरा सबसे पहला काम होता था, हिंदी की किताब में से कविताएँ पढ़ना और कंठस्थ करने की कोशिश करते-करते उसी भाव से पढ़ना, शायद जिस भाव में रहकर कवि ने कविता लिखी हो। जयशंकर प्रसाद की "हिमाद्रि तुंग श्रंगार से" हो या राष्ट्रकवि रामधारी सिंह दिनकर जी की "आग की भीख" हो या मैथिलीशरण गुप्त की "नर हो, न निराश करो मन को" हो या सूरदास जी की "उधौ तुम काहे न धीर धरौ" या फिर सुमित्रानंदन पंत जी की वो कविता "चींटी को देखा" इन सब ने पहली बार में ही मेरे मन को छू लिया था। मैं इन कवियों को अनवरत पढ़ता रहा और इन कविताओं के साथ-साथ ज्यूं-ज्यूं ऊँची कक्षाओं में जाता गया, अन्य विषय जो मेरे मुख्य विषय थे या जो अच्छे लगते थे, जैसे विज्ञान और गणित उनसे संबंधित समस्या जब कभी मुझे ज्यादा परेशान करती थी, तो मन को जोश दिलाने को वीर रस के कवियों की कविता जोर-जोर से पढ़ने लगता था। मेरे पिता प्रखर राष्ट्रवादी, न्यायप्रिय और क्रांतिकारी विचारों के व्यक्ति थे। एक आदर्श अध्यापक होने के साथ-साथ सत्य, ईमानदारी, नियम, निष्ठा पिताजी के हर कार्य में शामिल थे; इसलिए राष्ट्र केंद्रित कविताओं का पठन होता रहता था। उनके इन्हीं गुणों के कारण समाज में उन्हें बड़े कष्ट उठाने पड़ते थे। ट्यूशन भी पढ़ाते तो बीस बच्चों में एक दो ही फीस देते थे, क्योंकि अन्य बच्चे गरीबी या पिता के न होने के कारण फीस देने में असमर्थ होते।

इसी बीच हमारे संयुक्त परिवार के लिए हल्द्वानी (नैनीताल) मकान बनाने की जिम्मेदारी पिताजी पर आ गई तो घर को आर्थिक तंगी का सामना करना पड़ा। उस समय माँ ने मोर्चा संभाला और स्वेटर बनाने वाली मशीन लेकर घर पर काम करने लगीं। अक्सर दिनचर्या ये होती कि मैं और माँ बाजार से ऊन की लच्छियाँ लाते फिर मैं और मेरा छोटा भाई उसके गोले बनाते और एक ड्रम में रख देते। माँ देर रात तक स्वेटर के हिस्से बनाती और पिताजी सुबह तीन बजे उठकर उन हिस्सों को जोड़कर स्वेटर का रूप देते। फिर 6 बजे दोनों भाइयों को उठाकर सुबह की सैर पर ले जाया जाता। जब हम स्कूल जाकर वापस आते तो मैं और माँ फिर ऊन वाले की दुकान से ऊन की नई लच्छियाँ लाते और बनाई हुई स्वेटर्स उसे देते। मुझे आज भी वह दिन याद हैं, जब ऊन वाला छोटी-छोटी बात पर कोई बहाना बनाकर 4-5 रुपए काट लेता था, जो उस समय के हिसाब से बहुत ज़्यादा रकम थी। तब गरीब के शोषण की प्रवृति का आभास मेरे अबोध मन को पहली बार हुआ और फिर मेरा मन पिताजी की ईमानदारी व सच्चाई और ऐसे शोषण के बीच झूलने लगा।

इसी दौरान मेरी पहली कविता कक्षा 10 में दिनांक 29 नवंबर, 1988 में आई, जिसकी कुछ पंक्तियाँ इस प्रकार हैं -

"क्या होगा
सच्चाई पे चलके,
ईमानदारी दिखाके,
दयालु बनके,
समझदार बनके,
कष्ट झेलने पड़ते हैं,
निष्ठा से काम करके"

तब मैंने अपने लिए "अकेला" उपनाम का चयन किया। शायद अंर्तमुखी होने के कारण आँखें सब देख रही थीं, कान सब सुन रहे थे, मुँह बंद था और हृदय के संमदर में आने वाली लहरें मेरे हाथों की उँगलियों के पोरों से जब टकरातीं तो कुछ भाव निकल ही जाते थे और इस तरह एक समंदर का जन्म मेरे अंदर हुआ।

धीरे-धीरे कक्षा बारह उत्तीर्ण करने के बाद जब विज्ञान स्नातक की पढ़ाई शुरू की तो सारे विषय अंग्रेजी माध्यम में होने के कारण सारा ध्यान पहले तो अंग्रेजी में विज्ञान और गणित के विषयों को समझने में लग गया और इस तरह हिंदी साहित्य की ओर लगे पंख कुछ समय के लिए कट से गए।

इस बीच मैंने कुछ और कविताएँ लिखीं, लेकिन सभी मेरी डायरी में सिमटी रहीं। उन कविताओं में कभी अपना अल्हड़पन तो कभी उस समय के परिदृश्यों का प्रभाव नज़र आता है। फिर बीच में काफी समय तक अपने वैज्ञानिक क्षेत्र में अध्ययन के चलते मेरी स्थिति इस तरह रही ही नहीं कि कविता हो पाती। फिर भौतिकी से परास्नातक की पढ़ाई करते-करते एक अंग्रेजी विषय वाली लड़की को दिल दे बैठा, जो आज मेरी पत्नी है। विवाह के बाद "अकेला" उपनाम कष्ट दे सकता था इसलिए बहुत सोचने के बाद हमेशा के लिए "निश्चल" उपनाम का चयन कर लिया।

उसके बाद रक्षा मंत्रालय द्वारा प्रायोजित तकनीकी में परास्नातक डिग्री प्राप्त कर हिमाचल के मनाली में रक्षा अनुसंधान तथा विकास संगठन की एक प्रयोगशाला में कार्य करने लगा। अब चूंकि प्रेमपाश में तो आ ही चूके थे तो समय के साथ-साथ कुछ संयोग तो कुछ वियोग शृंगार तो स्वाभाविक था। उस समय पहाड़ों की ऊँचाईयों पर अलग-अलग जगह ड्यूटी देते-देते कुछ कविताएँ दर्शन और अध्यात्म पर भी हो आई थीं।

कुछ समय बाद मनाली से चंडीगढ़ और फिर दिल्ली का सफर तय किया। दिल्ली आने के बाद पहले एक-डेढ़ साल में शहर के साथ अपने आपको समायोजित नहीं कर पाया। अनजान शहर, अनजान रास्ते, अनजान और निर्भाव लोग और सरे राह आपराधिक गतिविधियाँ, जिनसे कभी हम दो-चार हुए ही नहीं थे, इन सब परिस्थितियों ने मेरे अंर्तमन को बार-बार झकझोरा और उस समय की व्याकुलता और ऊहापोह की स्थिति में पले भाव, मेरी उद्विग्नता को कविता का रूप देते रहे। दिल्ली के निर्भया हत्याकांड ने भी बहुत झकझोरा। धीरे-धीरे अनुभव, सामाजिक मेलजोल, कार्यस्थल, आवासीय कॉलोनी सभी हमें मानसिक परिपक्वता देते रहे और शायद वही बदलाव कविता करने के तरीके में आता गया। क्रांतिकारी सोच पायदान में पीछे जा चुकी थी।

तभी 2015 के मध्य में मुझे अक्षरधाम मंदिर के बगल में स्थित सरकारी आवासीय कॉलोनी "कॉमन वेल्थ गेम्स

विलेज" में एक बड़ा घर मिल गया और हमने आवास का पता बदला। कवि हृदय के लिए फिर से उर्वरा भूमि तैयार थी। इधर पुरानी कॉलोनी के दोस्तों को छोड़ने का दुःख और दूसरी तरफ़ नई कॉलोनी में अपने अधिकारों के संघर्ष की शुरुआत। इस समय ने भी कवि हृदय को और पल्लवित किया।

वर्ष 2020 में कोरोना महामारी के चलते मानवता ने बहुत कष्ट सहे। सरकारी अफसर होने के नाते मुझे देश की सेवा का भरपूर मौका मिला। कुछ कविताएँ उस समय में आए अनेक मनोभावों की देन है।

कोरोनाकाल में ही मेरे अनेक दोस्तों ने बोला कि इतनी कविताएँ लिखते हो तो एक कविता संग्रह प्रकाशित कर दो और इस प्रकार ये कविता संग्रह आपके सामने प्रस्तुत है।

मेरी कई सारी रचनाओं में से 75 कविताएँ छाँटकर रखने में, मैं पद्मश्री डॉ. नाहीदा आबिदी जी, श्री मनोज जोशी "कामदेव" और मेरी धर्मपत्नी डॉ. चेतना जोशी का धन्यवाद करता हूँ।

जो कुछ भी मैंने लिखा है वह समय-समय पर महसूस किए गए पल हैं। मेरी प्रकृति के अनुसार मेरी कविताएँ मुख्यतः प्रकृति, दर्शन, अध्यात्म, नारी, सामाजिक ह्रास पर प्रश्न करती या राष्ट्र केंद्रित रही हैं। मुझे व्यक्तिगत रूप से डॉ. कलाम, स्वर्गीय अटल बिहारी वाजपेयी जी और वर्तमान में श्री नरेन्द्र मोदी जी के व्यक्तित्व और कार्यशैली ने भी बहुत प्रभावित किया; इसलिए कुछ उन पर भी कविताएँ लिखीं। हर लेखक अपनी प्रकृति के अनुसार वर्तमान से प्रभावित होता है और शायद मैं भी ऐसा करने पर चारण की उपाधि न दे दी जाए, इसलिए ये वाक्य अपनी बात में, मैं लिख रहा हूँ। पूर्व में पं. सुमित्रानंदन पंत जी ने भी कार्ल मार्क्स और गाँधीजी से प्रभावित होकर कविताएँ लिखी थीं।

मुझे आशा है कि "आज़ादी के अमृत महोत्सव" पर 75 कविताओं का यह कविता संग्रह "एक समंदर मेरे अंदर" मेरे सभी सुधी पाठकों को पसंद आएगा।

आप सभी से संवाद के लिए मैं
skjoshi10@rediffmail.com पर उपलब्ध हूँ।

— डॉ. संजीव कुमार जोशी "निश्छल"

पुरोकथन- वैज्ञानिकता और काव्य का सामंजस्य

विज्ञान पदार्थ की खोज है। इसमें जो लगते हैं वे वैज्ञानिक होते हैं। लेकिन विज्ञान यह मानता है कि आदमी जैसा है, सत्य वैसे ही पाया जा सकता है। वह आदमी को बदलने की कोई जरूरत नहीं समझता, जबकि भावना की खोज कवि करता है। परिणास्वरूप कविता जन्म लेती है। अपनी कविता में वह व्यक्ति और समाज को बदलने की जरूरत सामने रखता है। ऐसी धारणा बन गई है कि कोई वैज्ञानिक शायद ही कवि हो, जबकि यह धारणा सही नहीं है। इसका सबसे बढ़िया प्रमाण डॉ. संजीव जोशी हैं। कहते हैं कि संस्कृति मन की खेती होती है। इसे ही थोड़ा बदल दें तो कविता को भावना की खेती कह सकते हैं। संजीव जोशी में वैज्ञानिक और कवि का सामंजस्य है। अपनी डायरी की काव्यसंपदा से चुनकर उन्होंने यह पुस्तक 'एक समंदर मेरे अंदर' बनाई है। अपनी बात में वे यह बताते हैं कि चित्रकार संजय अहलुवालिया के रेखाचित्र से इसे सजाया है। इससे पुस्तक में जो कविता है, हर कविता को एक मूर्त अभिव्यक्ति मिली है, जो कलात्मक है। इस पुस्तक की कविताएँ स्वतंत्रता के अमृत महोत्सव वर्ष के उपलक्ष्य में पुस्तक के रूप में प्रकाशित हो रही हैं। उम्मीद करें कि वे अमृत काल के लिए अगली पुस्तक बना रहे होंगे।

जीवन एक गहन कार्य कारण है। संजीव जोशी रक्षा अनुसंधान तथा विज्ञान संगठन की एक प्रयोगशाला से फिलहाल ब्रह्मोस में तकनीकी प्रशासक तक का सफर तय कर चुके हैं। मैं काशी हिन्दू विश्वविद्यालय का छात्र रहा हूँ। शांति स्वरूप भटनागर की याद स्वाभाविक है। कम लोग जानते हैं कि वैज्ञानिक डॉ. भटनागर कवि भी थे। वे कुछ समय तक बी.एच.यू. से जुड़े रहे। तीन साल तक रसायन विज्ञान विभाग में प्रोफेसर रहे। 'इसरो' के पहले निदेशक डॉ. भटनागर के नेतृत्व में उपग्रहों की लांचिंग विश्व के लिए आश्चर्य का विषय बना था। अब तो इस संगठन के नाम और भी बड़े रिकार्ड जुड़ चुके हैं। फिजिकल, मैग्नेटो और एप्लाइड केमिस्ट्री में कई शोध डॉ. भटनागर के नाम हैं। उनका मूल योगदान चुम्बकीय रासायनिकी में रहा। डॉ. आर. एन. माथुर के साथ उन्होंने चुम्बकीय रासायनिक क्रियाओं पर इन्टरफेयरेन्स संतुलन की खोज की थी। इसके विस्तार में नहीं जाकर यहाँ यह बतानी है कि वे काशी हिन्दू विश्वविद्यालय से थे और कवि भी थे। काशी हिन्दू विश्वविद्यालय का कुलगीत उन्होंने ही रचा है, "मधुर मनोहर अतीव सुंदर, यह सर्व विद्या की राजधानी।" आठ हिस्सों में लंबा कुलगीत मूल रूप से अंग्रेजी में रचा गया, So sweet serene, infinitely beautiful. का अनुवाद है। प्रश्न भाषा का नहीं, एक वैज्ञानिक के भाव का है, कवि के भाव का। कवियों की एक लंबी सूची है, जिनकी भावप्रवण रचनाओं के हिन्दी अनुवाद हुए हैं। अभी हमने महर्षि श्री अरविंद के 150

साल मनाए हैं। उनकी मूल पहचान अध्यात्म-जगत में एक साधक के रूप में ही है। उनकी रचनाएँ अति व्यापक हैं। पुदुचेरी केंद्र से जुड़ी रहीं अमृता भारती ने श्री अरविंद की कुछ रचनाओं का अनुवाद किया है। नेशनल बुक ट्रस्ट से आई 'श्री अरविंद' चुनिन्दा कविताएँ, में एक कविता The Cosmic Spirit का 'विश्वरूप आत्मा' शीर्षक से अनुवाद किया गया है। उसका एक हिस्सा इस प्रकार है...

मैं भौतिक मन की परिधियों के गया हूँ पार,
मैं हूँ पृथ्वी की यातना और उसके हर्ष का स्पंदन,
मैं समस्त प्राणियों के दुःख और संतोष का साझीदार
और झेलता हर व्रण और चुंबन का संक्रमण-प्रहार।

निश्चित ही यह पूरी कविता हमें असीमित आत्मा के अपरंपार परमात्मा से सम्बंधों तक ले जाती है। कवि की यही शक्ति है कि वह पाठक को 'उस पार' तक की यात्रा करा देता है। ऐसा रचनाकार के अनुभवों के प्रतिफल से हुआ करता है। 'एक समन्दर मेरे अंदर' का रचयिता भी 'अपनी बात' में ही स्पष्ट कर देता है कि जीवनानुभव ने ही उसे काव्य-रचना की प्रेरणा दी। पहाड़ के मुश्किल भरे दैन्दिन में माँ के साथ पास के बाजार से ऊन ले आना, देर शाम तक उसकी लच्छियाँ बनाना फिर माँ का लच्छियों से वस्त्रों का हिस्सा बनाना, पिता का उन्हें जोड़ना और बहुत सुबह ही पुत्र के साथ घूमने जाना। यहाँ वैज्ञानिक राष्ट्रपति डॉ. ए. पी.जे. अब्दुल कलाम के बचपन के संघर्ष याद आ जाते हैं। इस अध्यवसायी परिवार के छोटे से बच्चे संजीव जोशी के मन को उस समय धक्का पहुँचता है, जब तैयार वस्त्रों में दुकानदार बहाने से कमी निकालकार एक-दो रुपए काट लेता है। ऐसे में बाल कवि संजीव कह उठता है, "क्या होगा सच्चाई पे चलके, ईमानदारी दिखा के, दयालु बन के, समझदार बनके, कष्ट झेलने पड़ते हैं, निष्ठा से काम करके।"

बाल मन का कष्ट कवि को विद्रोही बना देता है। पर, यह समाज-द्रोही बनना नहीं है। संजीव जोशी मार्क्स के करीब तक जाते हैं, किंतु बचपन से ही "संस्कृत" कर्मकांड, रामचरितमानस, सुखसागर, श्रीमद्भगवद्गीता, सूरसागर का पठन आम बात थी। इसलिए स्वतः अध्यात्म, संगीत और दर्शन आदि का प्राकृतिक रूप से प्रादुर्भाव तो होना ही था। 'प्रादुर्भाव में भाव समाहित है। भाव के बिना कोई भी साहित्य अधूरा है। भाव के बिना जीवन शून्य है। इस कृति का रचनाकार बहुत अधिक भावप्रवण है! 'एक समंदर मेरे अंदर' का कवि ठीक समंदर की तरह ही अपने भीतर विभिन्नताओं को समेटे हुए है, परन्तु बाहर से धीर-गंभीर। भौतिक समुद्र में भी तो लहरें उठती हैं और फिर ख़ुद में समा जाती हैं। यह तो मौसम विज्ञानी अपनी गणना के बूते तय करें कि ये लहरें कब तूफ़ान ढा सकती हैं। भौतिक समुद्र की तरह साहित्य-सागर भी कुछ इसी तरह का है। एक सामान्य बात यह भी है कि समुद्र और साहित्य-सागर, दोनों के जानकार आम लोग भी हैं, पाठक भी हैं। समीक्षकों से पहले सामान्य पाठक को भी साहित्य सागर के मामले में अवश्य सावधान रहना चाहिए। परिणाम के स्तर पर भी दोनों समानधर्मी हैं, विपुल संपदा भी दोनों से ही प्राप्त हुआ करती है।

संजीव जोशी जैसा वैज्ञानिक साहित्यकार अपनी दोनों ही तरह की रचनाओं; विज्ञान और साहित्य में सम्यक अनुशासन की स्थिति रखता है। अपनी बात में वे स्वयं स्वीकार करते हैं कि बचपन से लेकर आज तक, यहाँ तक कि पुरानी कालोनी से आवास के लिए नए और बड़े घर तक के परिवेश को भी उन्होंने अपनी रचनाओं में शामिल किया हैं। उन्होंने जो देखा, वह व्यक्त कर दिया। कक्षा 10 में ही पहली रचना के दौरान सांसारिक मानदंडों से विद्रोह करता हुआ कवि 'व्यवस्था के ब्राह्मण' तक जाता है। निश्चित ही यह कक्षा 10 के क्रम वाली कविता नहीं

लगती। पर यहाँ भी कहा गया है, ''अहं के दंभ में भीषण अट्टहास करते, मैं श्रेष्ठ हूँ कहते, व्यवस्था के ब्राह्मण छीन लेते हैं उपलब्धियाँ दूसरों की।''

माना कि एक खेमे ने साहित्य को हथियार की तरह माना है और उसी तरह उसका प्रयोग भी किया है। संजीव जोशी अपनी पहली रचना के साथ कुछ अन्य कविताओं में प्रथमद्रष्ट्या इसी तरह के प्रयोग करते लग सकते हैं। यहीं पाठक के सहृदय होने के साथ सहज रहने की भी अपेक्षा है। आप का तर्क हो सकता है कि नाट्य अथवा साहित्य शास्त्र में दर्शक व पाठक का सहृदय होना मात्र पर्याप्त है। पर यह सहृदयता ग्रहणशीलता की भी अपेक्षा रखती है। वैज्ञानिक कवि अपनी रचनाओं में तर्क को प्रधानता देता है। इस नाते संजीव जोशी साहित्य को हथियार बनाएँ तो उसका सही उपयोग क्या हो, यह भी तय करते हैं। डॉ. कलाम के बचपन के संघर्ष और डॉ. शांति स्वरूप भटनागर के कवि होने से संजीव जोशी की तुलना करना यथेष्ट नहीं है। संजीव जी और अधिक बेहतर करें, यह शुभकामना है। ब्रह्मोस पर बहुत से सुखद परिणाम आ चुके हैं। स्वाभाविक है कि जिन पर काम चल रहा है, वे परिणाम आने तक गोपनीय ही रखे जाएँगे। अभी तो सजग कवि के अनुभव सर्वजनीन हैं। यहाँ जोशी के अंतर्मन में पूर्वज कवि की स्थापना का ध्यान है। रामधारी सिंह दिनकर ने इस विषय पर यथेष्ट मार्ग-दर्शन किया है। राष्ट्रकवि विज्ञान की प्रगति का स्वागत तो करते हैं, पर उससे सचेत रहने को भी जरूरी समझते हैं। दिनकर जी अपनी पुस्तक 'आधुनिक बोध' में कहते हैं, ''कवि और वैज्ञानिक के बीच समता क्या है, भेद क्या है? समता सिर्फ़ एक बात को लेकर है कि कवि और वैज्ञानिक, दोनों प्रेरणा के आलोक में काम करते हैं। जैसे संसार की सभी श्रेष्ठ कविताएँ प्रेरणा की कौंध से जनमी हैं, उसी प्रकार विज्ञान के भी आविष्कार प्रेरणा की कौंध से उत्पन्न होते हैं। सत्य की झलक पाने के लिए यह आवश्यक है कि हमारी चेतना की सुई ठीक ध्रुव की ओर हो। यह अवस्था समाधि और एकाग्रता से प्राप्त होती है। इसी अवस्था में पहुँचने पर कवि को कविता सूझती है और वैज्ञानिक को आविष्कार सूझता है, लेकिन इस एक साम्य के बाद मुझे कविता और विज्ञान के बीच भेद ही भेद दिखाई देते हैं। वैज्ञानिक नियम की खोज में रहता है, शब्दों का व्यवहार वह सुनिश्चित अर्थ के लिए करता है और उसकी हर चीज़ परिभाषित होती है। किन्तु कविता मनुष्य के जिस अनुभूति-क्षेत्र से आती है, उसकी परिभाषा नहीं दी जा सकती। और शब्द को सुनिश्चित अर्थ कवि कैसे देगा? वह तो विचार और शब्द, शब्द और उसके अर्थ के बीच भटकता रहता है।

दिनकर की उपर्युक्त उक्ति थोड़ी लंबी है। इसका और बड़ा हिस्सा लिया जा सकता था, पर यहाँ उचित नहीं है। संजीव जोशी बचपन में दिनकर के साथ सूरदास, जयशंकर प्रसाद और सुमित्रा नंदन पंत को भी पढ़ते रहे। सूरदास और जयशंकर प्रसाद की विज्ञान दृष्टि शोध का विषय है। पंत ने अवश्य विज्ञान पर भी अपने मत रखे हैं। वैसे उनकी कविता-पुस्तकों में भी, जैसे - ग्राम्या, लोकायतन, स्वर्णकिरण, शिल्पी और किरण वीणा में इस तरह की वैज्ञानिक संवेदना देखी जाती है। वे मशीनों को आधुनिक सभ्यता और संस्कृति के भावरूपों की प्रतिनिधि मानते हैं। कुछ उपकरण देशों के बीच की दूरी कम करते हैं, तो भावों का आदान-प्रदान भी करते हैं। पंत जी वैज्ञानिक प्रगति की प्रशंसा के साथ उसकी संहारक शक्ति की चिंता भी करते हैं। पंत जी कुमाऊं से आते थे, संजीव जोशी भी वहीं से हैं। दोनों ने पहाड़ों के कठिन जीवन को वैज्ञानिक अन्वेषण से सहज बनाने के दौर देखे हैं। कवि हैं, तो इन्हें शब्दों में भी पिरोया है। विज्ञान और काव्य के अंतरसंबंध से परिचित हैं। स्वाभाविक है कि वे पाठकों तक पहुँचे।

'एक समन्दर मेरे अंदर' में यह बखूबी हो सका है। इसका कवि भारतीय परम्पराओं के साथ पला बढ़ा है। समुद्र की अथाह जलराशि अपने खारेपन के होते हुए एक आशा का संचार करती है। इसीलिए समुद्र साहित्य के केंद्र में रहा है। संजीव जोशी की पुस्तक का यह शीर्षक इसलिए जाना-पहचाना भी लग रहा है। रचनाकारों के नाम आवश्यक नहीं हैं, फिर भी इस तरह के मिलते-जुलते शीर्षक से कविता, कहानी, उपन्यास आदि रचे गए हैं। मूल बात यह है कि समुद्र को किसने और कितना आत्मसात किया है। समुद्र की भयानकता के साथ उसके उत्साहवर्धक रूप को अज्ञेय सम्पादित 'तारसप्तक' में रामविलास शर्मा की कविता 'समुद्र के किनारे' का एक अंश इस प्रकार है...

सागर लंबी सांसें भरता है,
सिर धुनती है लहर-लहरय
बूंदी-बादर में एक वही स्वर
गूंज रहा है हहर-हहर।

यह तो समुद्र की भयानकता है। इस कविता के अंत में कवि रामविलास शर्मा जब एक ठिकाने पर पहुँचते हैं, तो कहते हैं.

दुःख के इस हहर-हहर में भी
ऊँचा उठता है जय का स्वरय
सीमा के बंधन तोड़ रही है
सागर की प्रत्येक लहर।

संजीव जोशी कृत 'एक समन्दर मेरे अंदर' की हर रचना पर चर्चा अलग-अलग जगहों पर होगी। इस पुस्तक के पाठक देखेंगे और प्रारम्भ में कवि ने भी बताया है कि इसमें गेयता है। पाठकों को सहज बनाए रखने के लिए रेखाचित्र हैं। कविताओं के साथ रेखाचित्र रखने के मामले में महीयसी महादेवी वर्मा का स्मरण स्वाभाविक है। 'एक समंदर मेरे अंदर' की एक कविता पहेली है। जैसे - दूर देश की चाय। दूसरी कविता, जेरूसलम में सामान्य पाठक भी खोज सकेगा कि दुनिया में मूल धर्म तो दो ही हैं, हिन्दू और यहूदी। आज जो सैकड़ों धर्म हैं वे इसकी टहनियाँ हैं। इस संदेश से यह बहुत सार्थक कविता है, जिसे पहले पेज के रेखाचित्र में अपने ढंग से समझाया भी है। 'सलाम कलाम', 'हिन्दी माँ', 'अटल', 'सियासत', 'अंग्रेजों का कामनवेल्थ', 'स्वतंत्रता दिवस', 'मैं समय हूँ', 'जय श्रीराम' और 'पहेलियाँ' आदि कविताएँ पाठक के मन में गहरे उतरेंगी। 'पहेलियाँ 1' और 'पहेलियाँ 2', इन्हें पढ़ते हुए हर व्यक्ति प्रधानमंत्री नरेंद्र मोदी के व्यक्तित्व का स्मरण अवश्य करेगा। इस संग्रह के और भी विषय हैं।

नई कविता के धुरंधर डॉ. जगदीश गुप्त ने भी ऐसा किया है। पुस्तक के मूल में मनुष्य के आत्मविश्वास का भाव प्रमुखता से उभरा है। आज 83 वर्ष की वय पार कर चुके वसीम बरेलवी के इस शेर में कहे आत्मविश्वास का भाव संजीव जोशी में भी दिखता है...

ख़ुद को मनवाने का मुझको भी हुनर आता है।
मैं वो कतरा हूँ, समंदर मेरे घर आता है।

वसीम साहब कवि हैं, संजीव वैज्ञानिक-कवि। वे हुनर और जिद में सामंजस्य बैठाना जानते हैं। आखिर प्रयोगों के आधार पर परिणाम प्रस्तुत करते हैं। उनके प्रथम काव्य संग्रह पर बधाई और शुभकामनाएँ !

— राम बहादुर राय,
अध्यक्ष इंदिरा गांधी राष्ट्रीय कला केंद्र
प्रख्यात पत्रकार एवं समाचार संपादक

मुझे इतना ही कहना है

किसी भी कार्य सिद्धि के लिए भूमिका बनाना या किसी सृजनात्मक कार्य के लिए दो शब्द लिखना आसान नहीं होता। यह बेहद कठिन कार्य है। संभवतः उसमें भी काव्य संग्रह की भूमिका लिखने का दायित्व सबसे कठिन होता है। यह मैं, अपने अनुभव और विवेक से कह रहा हूँ। मैं कवि संजीव जोशी को नहीं पहचानता था और न उनकी कविताओं से कभी परिचित रहा, किन्तु एक दिन उनका फोन आया, बातचीत हुई। सिलसिला यहाँ तक बढ़ गया कि उनके आग्रह को यह कहकर भी नहीं टाल सका कि मैं कविता की समझ नहीं रखता। आप किसी सुविज्ञ से लिखवा लीजिए। कोई भी भला इंसान इसके लिए तैयार हो जाएगा। मैंने सुझाव दिया कि वह अन्यथा नहीं लेंगे तो, किसी अधिकारी विद्वान से इस संग्रह की भूमिका लिखवाने में मदद कर सकता हूँ। मेरे लिए किसी पुस्तक की भूमिका या फिर उस पर दो शब्द लिखना बहुत कठिन होता है। काव्य संग्रह पर लिखना उसे रचने से भी अधिक कठिन होता है।

मेरी यह बात संजीव जोशी जी को न मालूम क्यों रुचिकर नहीं लगी। वह इस बात की गाँठ बांधे रहे कि मुझे ही यह कार्य करना होगा। यह उन्होंने मेरा दायित्व और अपना अधिकार सुनिश्चित कर लिया। ठीक, लगभग एक साल उपरान्त मुझे, पहले पाण्डुलिपि प्राप्त हुई और उसके बाद पूर्व नंबर से फोन आया। मुझे आश्चर्य हुआ, कोई कवि आज के समय में, जबकि सोशल मीडिया सबसे बड़ा, सशक्त और समृद्ध माध्यम है, एक क्लिक में वैश्विक छलांग लगाने में सक्षम है, उसका दोहन करने के, पुस्तकाकार में प्रकाशन और भूमिका के लिए इस सीमा तक धैर्यवान हो सकता है। इसके बावजूद मैंने टालमटोल करने के लिए लैटिन अमेरिका के प्रसिद्ध विद्वान कवि, कला समीक्षक एवं चिन्तक ऑक्टावियो पॉज के शब्दों को दोहरा दिया कि कविता इतिहास को परिवर्तित करने के माध्यम की प्रेरणा है। कवि होने का अर्थ है, "सामाजिक त्रासदियों के प्रति जागरूक होना, जीवन-विरोधी आदर्शों, रुढ़ भाषाओं तथा सुन्न प्रतिक्रियाओं का पर्दाफाश करना।"

दरअसल, कविता के विषय में ऐसे विचार रखने वाले पॉज किशोरावस्था से कविताएँ लिखने लगे थे यानी 19 वर्ष की उम्र में उनका पहला संग्रह 'लूना सिल्वेस्त्रे (सिल्वर मून) प्रकाशित हुआ था। इस बात का उल्लेख करते हुए, मैं यहाँ न संजीव जोशी की कविताओं की तुलना महान कवि पॉज की कविताओं से कर रहा हूँ और न उस स्तर का होने को कहने की धृष्टता कर रहा हूँ, बल्कि संजीव जोशी के अपने इस काव्य संग्रह "एक समंदर मेरे अन्दर" के

प्रकाशन के प्रति धैर्य को प्रणाम कर रहा हूँ। मैंने वैज्ञानिक संजीव जोशी के इस संग्रह की कविताएँ सिलसिलेवार पढ़ ली हैं। इन्हें जितना मैं समझ सकता था, उतना ही समझ भी लिया है।

इतिहास को मेरा जीवन के लिए गैरज़रुरी, जिसे मैंने जब-जब पलटकर देखा उसने मुझे रुलाया है, मुझे भ्रमित ही किया है। इतिहास में जब-जब कोई विचार उभरकर आया है, वह अपने चरम पर पहुँचा है, कभी अपनी चरम पर पहुँचने से पूर्व ही वह विचार हमेशा की भांति औंधा मुंह गिरा है। एक तरह से सभी विचारधाराएँ विफल ही रही हैं, इसलिए मैं इतिहास को पढ़ने का भ्रम नहीं पालता और न जोखिम उठता हूँ।

मुझसे आप सहमत हों, चाहे न हों मुझे भविष्य की तरफ़ देखना अच्छा लगता है और भविष्य में कविता ही दिखती है, जो मुझे रोमांचित भी करती है। मैंने कभी कवि बनने की इच्छा नहीं पाली। कविता के प्रति एक अतिरेक लगाव ज़रुर रहा है। हमेशा भारतीय साहित्य की चाहे वह लोक साहित्य की समृद्ध परम्परा रही हो या फिर गौरवशाली शास्त्रीय परम्परा। उसका हमेशा सम्मान और उससे लगाव रहा है। हाल के वर्षों में हिंदी कविता में जबरदस्त परिवर्तन की बयार महसूस की जा रही है। इन वर्षों में यदि किसी विधागत सबसे अधिक सृजन हो रहा है तो, वह है कविता। भले ही उनमें कहीं सपाट बयानी होती प्रतीत होती है तो, किसी में एक तरह से भारतीय काव्य परम्परा की कविताओं की वापसी होती लग रही है। बहुत कवि व रचनाकार जो अपनी समृद्ध काव्य परम्परा को आगे बढ़ाने का प्रयास कर रहे हैं तो, जबकि उन रचनाकारों की संख्या आज भी अधिक है, जो किसी न किसी तरह से पाश्चात्य साहित्य से प्रभावित हैं। जिन्होंने कभी भारतीय साहित्य के गौरवशाली इतिहास को पलट कर देखने का साहस नहीं किया, भारतीय चिंतन परम्परा को आगे बढ़ाने और उसका सम्मान करने के उसे हमेशा इतिहास के गर्त में धकेलने का सायास प्रयास करते रहे। साहित्य का पश्चात्याकरण करने या फिर उसका पिच्छलग्गू बनने पर आमादा रहे। क्या वह एक तरह से भारतीय मौलिक चिंतन परम्परा को समूल नष्ट करने का प्रयास नहीं कर रहे थे ? मैं, यह नहीं कह रहा पाश्चात्य साहित्य कमजोर और सतही है। उसकी भी अपनी समृद्ध शास्त्रीय परंपरा है, किन्तु हमारे रचनाकारों ने उसे ही अपना मौलिक चिंतन मान लिया। उसी चिंतन दृष्टि से हिंदी साहित्य कोष को समृद्ध किया। यदि ऐसा कहना अनुचित है तो यहाँ प्रश्न यह पैदा होता है कि जैसा कि महान कवि ऑक्टाविया पॉज जोकि भारतीय साहित्य के मर्मज्ञ रहे हैं, उन्हें क्यों कहना पड़ा, "भारतीय लेखक ब्रिटेन और अमेरिका को पश्चिम, बल्कि काफी हद तक संसार मानकर चलते हैं तथा अमेरिका और इंग्लैंड उनकी प्रेरणाओं के केंद्र बन गए हैं।" पॉज यहीं पर नहीं रुकते, वह आगे कहते हैं, "भारतीय समाज, जिसकी परम्पराएँ क्लॉसिक परम्पराएँ हैं, ब्रिटेन और अमेरिका के साहित्य के साथ अपना रिश्ता कैसे कायम कर सकता है, जिसकी परम्पराएँ एंटी क्लॉसिक हैं।" (समकालीन भारतीय साहित्य में प्रकाशित विजय वर्मा के लेख से उद्धृत) यह लेख पाश्चात्य और भारतीय जीवन मूल्यों पर नए सिरे से विमर्श करने की ओर गहरा संकेत देता है, जोकि एक सुखद पहल है। इस प्रकार का परिवर्तन संजीव जोशी के इस संग्रह की कविताओं में ही नहीं, वर्तमान के युवा कवियों की कविताओं में यह भेद स्पष्ट दिख भी रहा है। उनमें संजीव जोशी इस दिशा में एक महत्त्वपूर्ण कवि के रूप में उपस्थित होते प्रतीत होते हैं। ये कविताएँ शास्त्रीय

हैं या नहीं ? प्रश्न यह नहीं है, बल्कि शास्त्रीयता की मौलिक चिंतन धारा की तरफ़ बढ़ती हुई कविता के बीजतत्व इनमें देखे जा सकते हैं। इस संग्रह की एक कविता है, 'उद्वेलित' — "मुझे सोने के पिंजरे में लाके मत बांधो / मुझे भाता है स्वच्छंद हवा में उड़ जाना / एशो आराम मयस्सर भी हो तो क्या होगा/ जैसे एक शेर का पिंजरे में जा गुर्राना / आज़ादी की लौ मुझमें भी है, है तुझमें भी / हाँ, मुझे पसंद है, हस्र ऐ भगत को पा जाना / मुझे उन मुर्दा ज़मिरों के जैसा मत आंको / जिन्हें आता है पिंजरों में जा के सुख पाना।" इस संग्रह में ऐसी ही एक और कविता 'पिताजी' है, जो भारतीय जीवन मूल्यों का संकेत देती हुई हमें, कर्तव्य बोध कराती प्रतीत होती है, जिस देश में उपनिषद काल से ही 'मातृ देवो भव, पितृ देवो भव' छंद के भाव रहे हैं, जो कभी वैदिक युग में उत्पन्न हुआ भाव था, जिसे प्रार्थनाओं, वरदानों, ध्वन्यात्मकता पर निर्देश और अभ्यास, नैतिकता, रूपक पर ग्रन्थ और प्राचीन वैदिक गुरुकुल के छात्रों के लिए दार्शनिक निर्देश के रूप में स्वीकार था। वे छंद आज भी नैतिक शिक्षा और कर्तव्य बोध कराते हुए उतने ही प्रासंगिक हैं। आज भी उन छंदों को जीवन में उतराने की सीख दी जाती है कि सभी जीवित और निर्जीव चीज़ों का सम्मान किया जाना चाहिए, प्यार किया जाना चाहिए और एक दूसरे को पूज्य समझा जाना चाहिए। एक और धारणा यह भी है कि जब माता-पिता अपने माता-पिता तथा बुजुर्गों का सम्मान करते हैं तो, उनके बच्चे और आने वाली पीढ़ी भी उनका अनुकरण करेगी, उनके रीती-रिवाजों का पालन करेगी, और उनका कर्तव्य बोध कराती यह कविता भारतीय जीवन मूल्यों की तरफ़ संकेत करती देखी जा सकती है, उक्त कविता, "परेशानी हमें कुछ हो और आज भी पता लगे उनको, पता नहीं कैसे वही हिम्मत आज लौट आती है। वही रौबीले चेहरे की चमक भी लौट आती है, वही उमड़ते हुए साहस की मूर्त दीख जाती है।"

ऐसी ही एक और कविता, 'सागर जैसे रहना' को उदाहरण के रूप में लिया जा सकता है। इस संग्रह की एक और महत्त्वपूर्ण कविता है, जो मुझे काफी प्रासंगिक लगती है, जिसमें समाज और राष्ट्र की चिंता प्रकट की गई है कि आखिर हम किस दिशा की तरफ़ बढ़ रहे हैं, हम कैसा समाज बनने पर तुले हैं। इस कविता की इन पंक्तियों को देखें "एकात्म मानव यानी सम्पूर्ण मानव, जो उदार चरित था, और था वसुधैव कुटुम्बकम का प्रणेता/ कहाँ गया वो एकात्म मानव।"

मुझे इतना ही कहना है, "एक समंदर मेरे अन्दर" में संकलित कविताओं के सन्दर्भ में। इस संग्रह की कविताएँ एकदम देसी ठाठ की कविताएँ हैं। इनमें कवि संजीव जोशी का अपना अनुभव और उनका मौलिक चिंतन झलकता है। इनमें विषयगत विविधता तो है ही भारतीय जीवन मूल्यों में उनकी दृष्टि और आस्था को भी साफ तथा स्पष्ट देखा व समझा जा सकता है। इनमें कोई उलझाव और बनावटीपन दूर-दूर तक नहीं है और न शब्दजाल ही है, जिसमें पाठक उलझता ही चला जाए। ये निश्चित रूप से नए कलेवर, रंग-ढंग और नए तेवर की कविताएँ हैं, उम्मीद है, पाठक कविताओं को पसंद करेंगे। उन्हें कविताएँ रुचिकर लगेंगी और संग्रह का भरपूर स्वागत करेंगे। मेरी हार्दिक बधाई और शुभकामनाएँ !

— डॉ. हरिसुमन बिष्ट

प्रसिद्ध साहित्यकार एवं उपन्यासकार,

पूर्व सचिव हिंदी अकादमी दिल्ली

email : harisuman_bisht@yahoo.com

अनुक्रमणिका

हिंदी माँ

माँ तुझे नमन, तूने सब कष्ट सहे मुझे जन्म दिया
माँ तुझे नमन, पिलाया अपना दूध जब भी रो दिया
सीखा सारा जीवन का संवाद माँ तेरे ही आँचल में
दिया संवाद को पहला शब्द 'माँ' तेरे ही आँचल ने
उपकार तेरा मेरे जीवन पर और भाषा मेरी हिंदी है
हिंदी के शब्दों में वही प्यार वही 'माँ' वाली बिंदी है

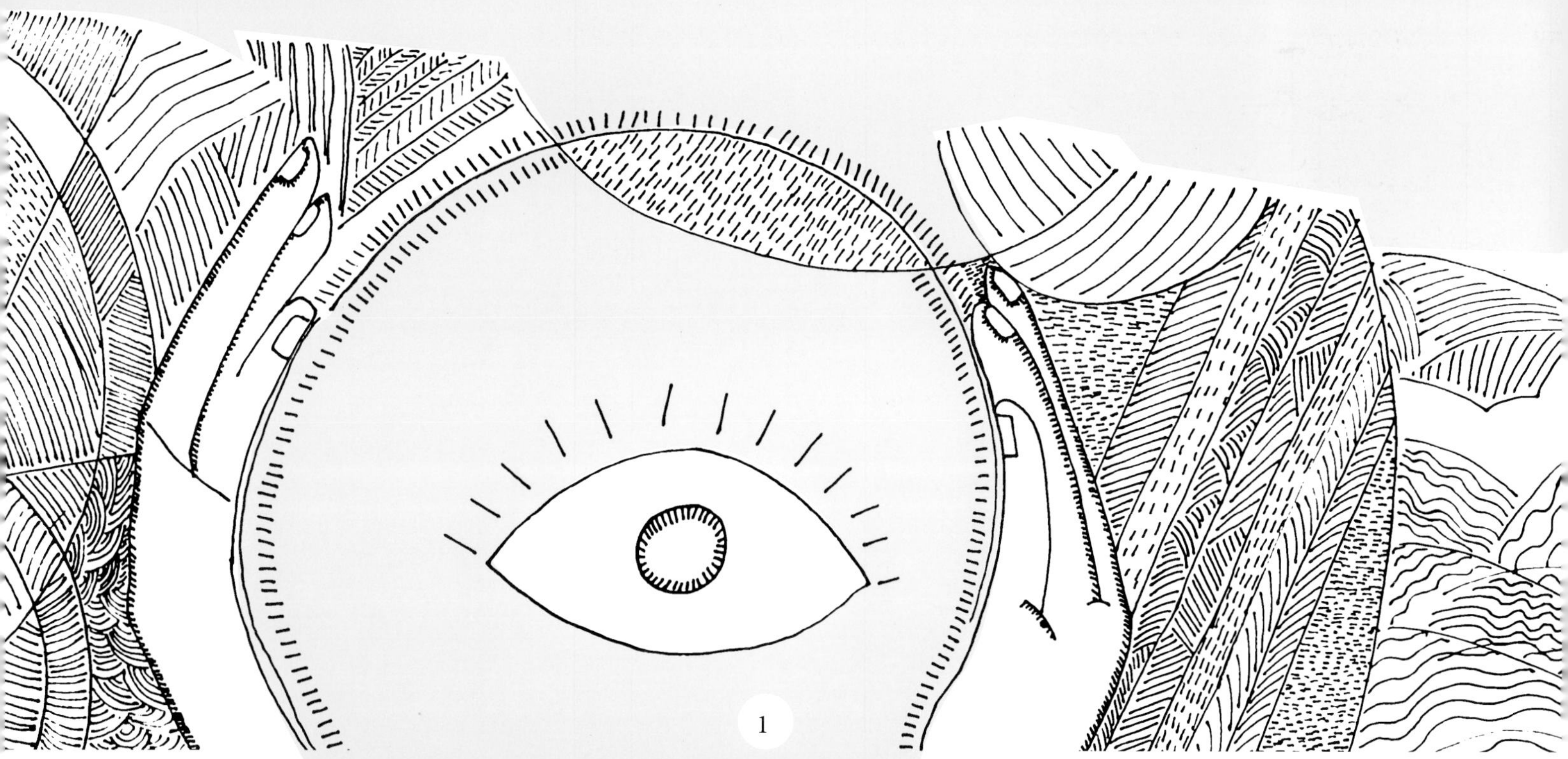

माँ

मेरे बच्चे से बड़े होने की सारी चिंताओं और
मेरे माथे की शिकन हटाने की कोशिशों में
रातभर मेरे बालों पर उंगली फिराती हुई
कुछ जागी कुछ सोई सी वो निस्वार्थ देवी
मेरी जाँ थी मेरा ईमां थी वो मेरी माँ थी

कविता यहाँ सुनें

पिताजी

मेरे पिताजी बूढ़े हो चले हैं,
बाल सफ़ेद और दांत गिर चले हैं
हाथ की पकड़ जो हाल तक हैरान करती थी,
पिछले कुछ महीनों से कमजोर हो चले हैं
चेहरे पे, गर्दन पे, हाथों पे झुर्रियाँ बन चली हैं,
कभी कमर कभी घुटने के दर्द बढ़ चले हैं
जिन उंगलियों को पकड़ चलना सीखा था हमने,
उन उंगलियों के पोर पोर दर्द कर चले हैं

परेशानी हमें कुछ हो और आज भी पता लगे उनको,
पता नहीं कैसे वही हिम्मत आज भी लौट आती है
वही रौबीले चेहरे की चमक भी लौट आती है,
वही उमड़ते हुए साहस की मूरत दीख जाती है
चला आता हूँ मिलके और मन में ऊर्जा भर के,
नई मंज़िल पाने का हुनर नया फिर सीख आता हूँ

कविता यहाँ सुनें

बचपन की यादें

बारिश में बरसती, वो पानी की बूंदें
वो मदमस्त बरखा, पवन झूमती सी
हवाओं में बहती, वो सौंधी सी ख़ुशबू
फिर क्यूँ न चाहे, ये मन भीगने को

वो पानी का रेला, वो बचपन की यादें
स्कूलों की छुट्टी, भरी बारिशों में
घर पे बनाना, वो कागज़ की कश्ती
फिर क्यूँ न चाहे, ये मन भीगने को

वो पानी के रेले में, साथ दोस्तों का
वो घेरा बनाना, कूदना जोर से फिर
वो चोरना अमरूद, पड़ोसी के घर से
फिर क्यूँ न चाहे, ये मन भीगने को

वो बारिश के रुकते ही खेलने जाना
वो कॉर्क की बॉल, क्रिकेट का बल्ला
वो गीली सी पिच पर शॉट लगाना
फिसलकर पकड़ना बड़े कैच को भी

वो घर लौटते की, दुकान लालाजी की
वो गरम जलेबी, और दूध गर्म-गाढ़ा सा
वो आधे पैसे देना और आधे का वादा
वो लाला का गुस्से में फिर मान जाना

वो घर लौट आना कीचड़ में लिपट के
फिर डांट खाना फुरसत से माँ की
माँ का खिलाना वो सब को पकोड़े
फिर क्यूँ न चाहे, ये मन भीगने को

दूर देश की चाय

ये चाय भी ना

दिखती तो देसी सी है

अपनी वाली, इंडियन सी

घर की सुबह सुबह की पत्नी वाली सी

या अपने नुक्कड़ के चाय वाले यादव वाली सी

लेकिन इसमें

वो बात नहीं है

और वो स्वाद भी नहीं है

क्यूँकि इसमें वो प्यार नहीं है

वो देसी वाली बात भी नहीं है

न चीनी में वो मिठास न दूध में वो बात

कुछ नहीं है इस चाय में कुछ भी तो नहीं है

कविता यहाँ सुनें

देसी चाय

वो दरअसल
चाय तो क़तई नहीं होती
वो होती है प्रेमिका के समर्पण की मिठास
जो हमें सम्भालते सम्भालते बस घुल जाती है
हमारे जीवन में अदृश्य सी चीनी सी मानिंद
वही समर्पण स्वाद देता है उस सुबह की चाय में
दूर देश में अब मैं समझ गया हूँ, समझ रहा हूँ

मेरे नुक्कड़ की चाय में
स्वाद ज़्यादा है सात तारा होटेल की चाय से
वो स्वाद है मेरे देश के हवा पानी और मिट्टी का
चाय जिसमें पटेल के हाथों की मिठास है प्यार है
जो हम सब साथ पीते हैं पटेल के रखे हुए बेंचो पर
बिना भेदभाव के, हर मेहनतकश देसी के साथ

मज़दूर हो, ऑटोवाला या फिर बड़ी गाड़ीवाला
शहीदों के ख़ून और मेहनतकश के पसीने से सुर्ख़
उस कुल्हड़ में, देश की लाल माटी को चूमते-चूमते

मेरे देश
बहुत याद आते हो तुम
दूर होने पर
बिल्कुल मेरी प्रेमिका पत्नी की तरह
याद करता हूँ तुम्हें हर वक़्त
खाते पीते सोते जागते
चीनी से घुल गए हो तुम
मेरी रूह की चाय में
अब ना पी जाएगी
ये दूर देश वाली चाय

नयी सुबह आने को है

थाम के बैठो साँसे घर पर कि बहार आने को है
कि ठहरो कुछ देर और बेबात, कि नया जहाँ मिलेगा
बस अभी तो थमा है शोर-ए-गुज़िश्ता जमाने भर का
कि इंतज़ार करो उसका बस यूँ ही घर पर अपने
रुको कुछ देर और चुप रहो, वो सज के आ रही है
वो नीला आसमाँ, वो शजर के फूल चुपके बन रहे हैं
वो सुंदर लताओं के हिजाब उभर रहे हैं, अभी बन रहे हैं
अभी आने दो क़ुदरत को भी अपने शबाब पर यारों

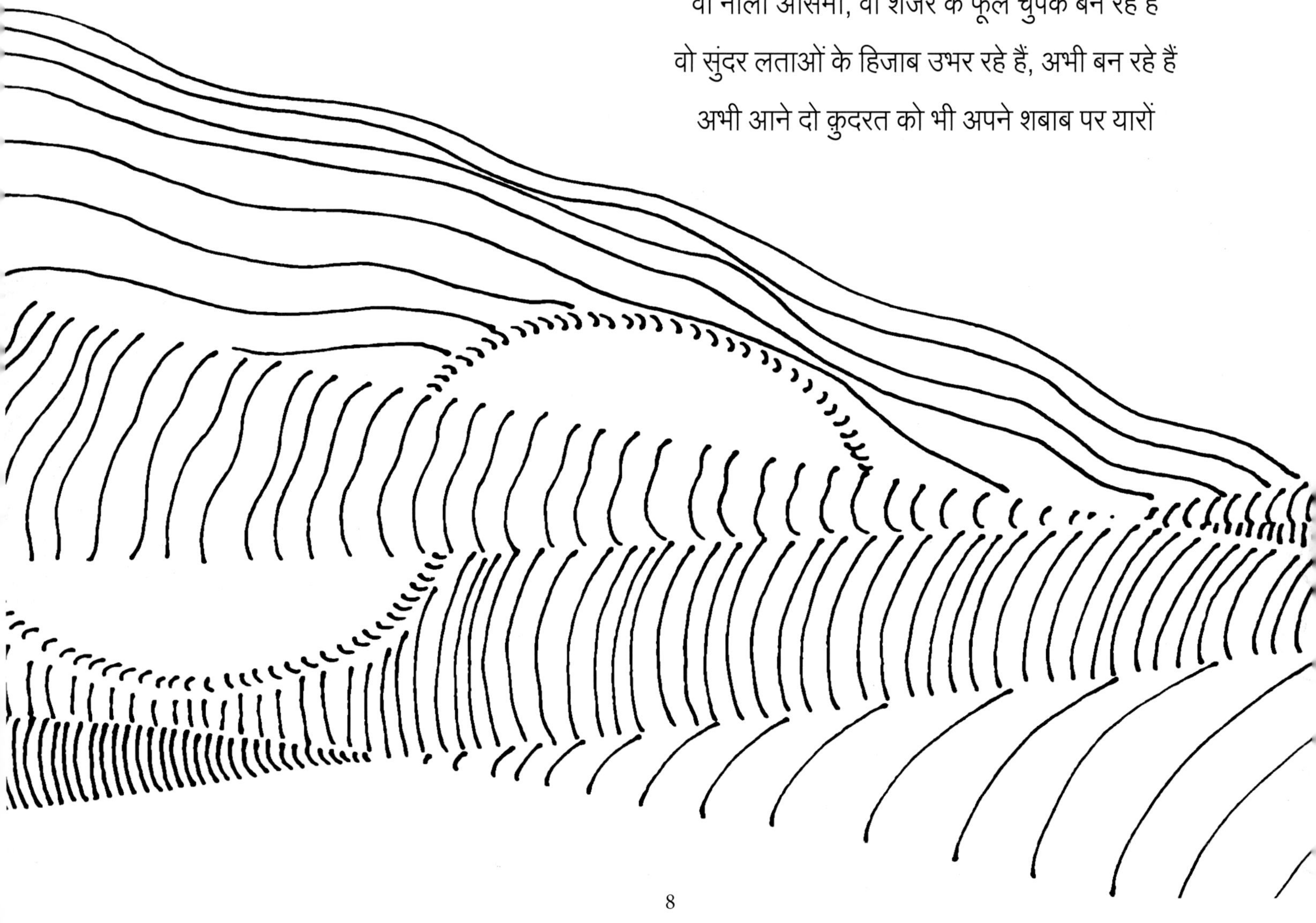

कि लताओं के गेसू, चिलमन के फूल अभी बन रहे हैं
सदियों से नहीं बदले क़ुदरत ने तौर-ए-हलद्वानवी यारों
और नहीं बदले मिजाज़-ए-आदमी, जीने के सलीके भी
क़ुदरत की सुनी किसने, वो करे कहे कैसे अपनी गम बयानी
उघाड़ा तुमने ही बदन उसका मैली की धोती वो पुरानी
अब दो भी उसे मौक़ा, दुबारा सजने का संवरने का
रहो दरो दीवार में छुपकर कि वो फिर सँवर रही है
मुझे मालूम है यारों, फिर चमन में बहार आने को है
थोड़ा सहमकर, ठहरकर बैठो मज़ा अभी आने को है
सदियों का फ़साद बताओ, कैसे एक दिन में ठहरेगा
रुक जाओ अभी और घर पर, नया सूरज भी निकलेगा

सागर जैसे रहना

कोई भी परिस्थिति आए

बस सागर जैसे रहना

चाहे आए घनघोर घटाएँ

बस सागर जैसे रहना

शांत और धीर-गंभीर

विशाल हृदय रखना

समा लेना सबको

जीवन, मृत्यु और अत्याचार सब कुछ

लेकिन रहना सागर की मानिंद

शांत और धीर गंभीर

सही कहा

रहना सागर की मानिंद

रहना धीर गम्भीर अंतरतम में
रहना धीर गम्भीर किनारों से दूर
लेकिन बताते रहना दुनिया को
कि मैं सागर हूँ
बिल्कुल सागर की लहरों के मानिंद
जो हर वक़्त बताती हैं, जताती हैं किनारों को

कि ये जो लहरें देख रहे हो ना
ये मेरे विस्तार का परिचायक हैं
असंख्य लहरें छुपी हुयी हैं इसमें
खेल सही है मेरे साथ, लेकिन खिलवाड़ नहीं
बताते रहना, जताते रहना
सागर से बने रहना
शांत और जीवन से भरपूर

लिखूँ हास्य पर

मेरे दोस्त बावले हैं
हास्य सुनने को उतावले हैं
ढूंढता हूँ हास्य के पात्र मैं अब दिन रात बताओ यार
कोशिश हैं मेरी कई हजार, मिले इक पात्र, बताओ यार
गली-नुक्कड़ में, उनको ढूंढा है कई बार बताओ यार
अंदर भी सबके झांका है कई बार, मिला ना हास्य बताओ यार
अचरज में पड़ा हूँ मैं सरकार, कि खोया हास्य बताओ यार
ढूंढ रहा था हास्य, मिला है व्यंग्य मुझे इस बार, बताओ यार
फिर भी दोस्त मेरे बावले हैं
हास्य सुनने को बड़े उतावले हैं

देश के ख़ातिर ठंड से लड़ता एक जवान ही शायद एक हास्य है?
आतंकी की गोली से मरता एक जवान ही शायद एक हास्य है?
तेरी मेरी ख़ातिर चौकस पुलिस का एक जवान ही शायद एक हास्य है?
या देशद्रोह का नारा देता मेरे देश का छात्र ही शायद एक हास्य है?
या फिर नक्सल को संरक्षण देता नेता का ये पात्र ही शायद एक हास्य है?
या निहित स्वार्थ को लड़ता मरता तेरा-मेरा पात्र ही शायद स्वयं हास्य है?
जिद्दी हैं सब दोस्त बड़े ही बावले हैं
हास्य की ना उम्मीद फिर भी उतावले हैं

नारी अस्मत पे वार हुआ हर बार कि कैसे हास्य सुनाऊँ?
बढ़ा है रिश्तों में व्यभिचार कि हर दिन रात कैसे हास्य सुनाऊँ?
तेरा-मेरा भ्रष्टाचार बढ़ा हर बार कि कैसे हास्य सुनाऊँ?
विद्यालय की आड़ में नारा देशद्रोह का आज कि कैसे हास्य सुनाऊँ?
हंसिया लेकर धमकी देता झाम्यवाद का खाज कि कैसे हास्य सुनाऊँ?
ढूंढा बहुत सरकार मिला ना हास्य कि कैसे हास्य सुनाऊँ?
जान गए हैं दोस्त बड़े ही बावले हैं
हास्य बना है व्यंग्य फिर भी उतावले हैं

नारी

तुम में सब कुछ मुझसे ज़्यादा है
समर्पण ज़्यादा, धैर्य ज़्यादा, ज़्यादा है विस्तार भी
तुममें ही शामिल, मेरे जीवन का आधार भी
फिर तुम्हें मुझसे कम कैसे कहूँ
बचपन से लेकर अब तक का
सारा सुरक्षा चक्र तुम्हारा ही तो है
माँ बनकर पिता की डांट से बचाया अक्सर
कभी पत्नी बनकर जीवन की धुरी बन गई
तुममें मुझसे सब कुछ बहुत ज़्यादा है
शिष्टता, सदाशयता, स्थिरता और दृढ़ता
सौंदर्य, प्यार, आदर और जीवन मूल्य भी तो हैं ज़्यादा
फिर भी तुम्हें मुझसे कम कैसे कहूँ
अतुल तुम वात्सल्य में, स्नेह में अनुराग में
जीवन का उल्लास तुम, तुम से जीवन संतुलन भी
साहस अतुलित, संवेदना की खान हो तुम
कैसे कहूँ, तुम्हें मुझसे कम कैसे कहूँ
हमेशा से अंत में तुम ही तो जीतती आयी हो
शायद मुझ में ताकत ज़्यादा है और तुममें इंसान
उसी तरह ही तो जीतती हो तुम हमेशा मुझसे
जैसे हाथी और शेर से जीतता आया है इंसान

कविता यहाँ सुनें

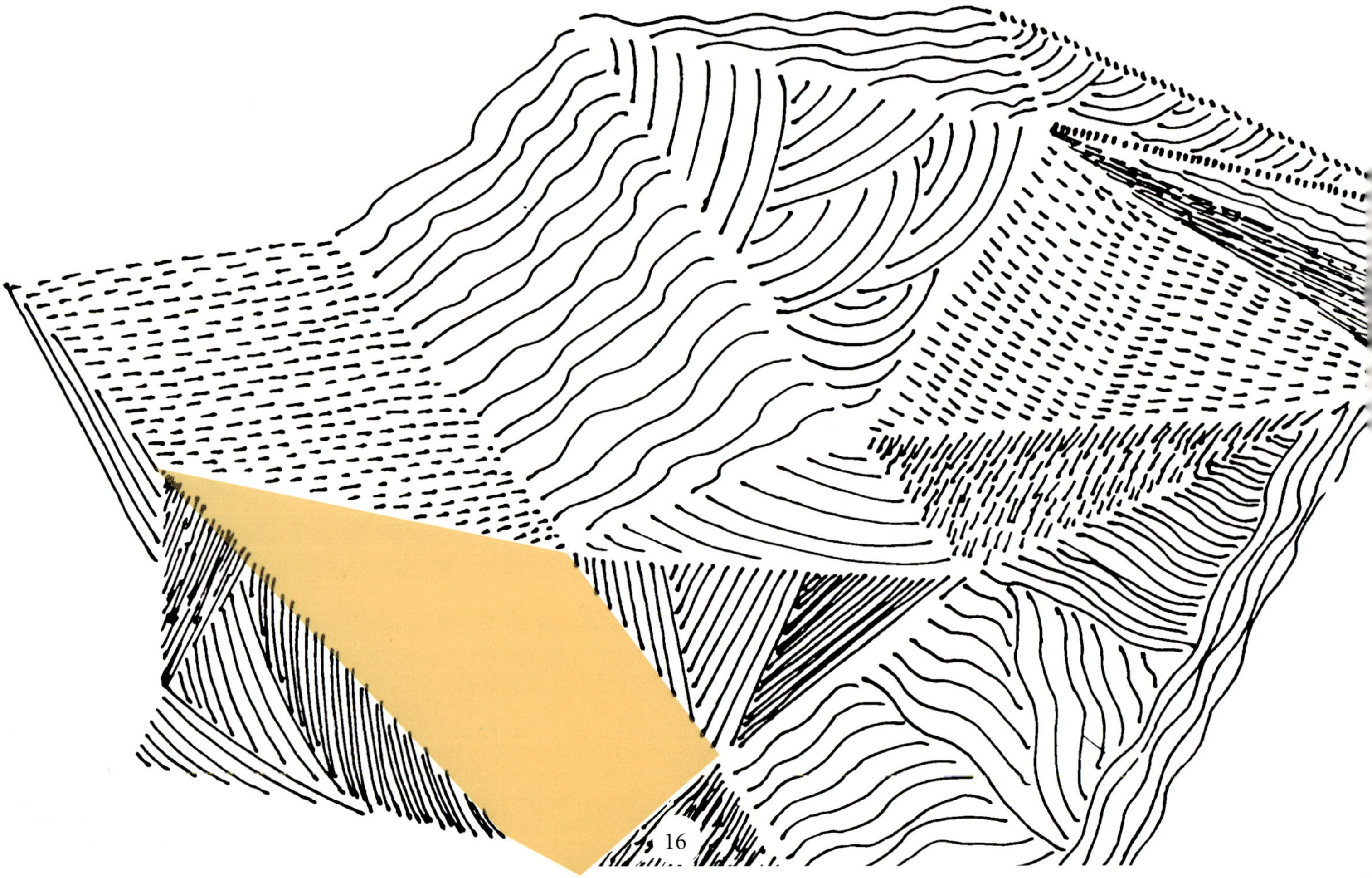

जेरूसलम

हाँ देखा है मैंने भी जेरूसलम
धर्मी-विधर्मी- अधर्मी या निःधर्मी की तरह नहीं
बस यूँ ही देखा, आम इंसान की तरह
वो टेम्पल माउंट भी देखा और माउंट ओलिव्स भी
और भी देखी कई पवित्र जगहें जेरूसलम की
जिन्हें तीनों पूजते हैं, यहूदी, ईसाई और मुस्लिम
पूरे भाव के साथ बिल्कुल हमारी तरह
वहाँ जाकर महसूस नहीं होता तेरे मेरे धर्म का अंतर
सब एक से लगते हैं, मेरी तरह
चोटी वाला हिस्सा सब ढकते हैं मेरी तरह
मैं चोटी से ढकता हूँ और वो टोपी से
पश्चिमी दीवार पे जाके सब माँगते हैं मन्नत
मेरी तरह ही माँ वैष्णोदेवी के मंदिर की तरह
हमारे धर्मों में अखाड़ों और निहंगों की तरह
उनके यहाँ भी हैं धर्मसेनाएँ, जेरूसलम की रक्षा को तत्पर
अपने काशी, बद्री-केदार तीर्थ धामों सा लगता है
जेरूसलम भी काफ़ी कुछ अपना सा लगता है

उनके पैगंबरों की दास्तानें बिल्कुल एक सी लगती हैं
बिल्कुल हमारे राम और कृष्ण की तरह
जहाँ क्राइस्ट और कृष्ण की कहानियाँ मिलती सी हैं
हज़रत मूसा और राम भी एक से लगते हैं
सबके अपने अपने त्याग हैं मानवता के लिए
और सब के सब हैं मर्यादा पुरुषोत्तम
अब सोच रहा हूँ मैं
इतना अंतर क्यूँ है तुझमें मुझमें
क्यूँ नहीं रहा मेरा देश विस्तारवादी
क्यूँ नहीं छीने हमने किसी के ज़र, जोरू, ज़मीन
शायद मेरे देश में सब कुछ पर्याप्त था
शायद इसीलिए आत्मोन्नति थी अग्रसर
और भौतिक ज़रूरतें पीछे
शायद इसीलिए नहीं पनपा साम्राज्यवाद
समझ आया अपना देश-धर्म और नज़दीक से
जब मैंने देखा जेरूसलम

कविता यहाँ सुनें

कोठा

झरोखों से झांकती सपनीली सी आँखें,
और बंद स्याह कमरों में तड़पती ज़िंदगी,
उधारी के प्यार और जिस्मानी सरोकारों में
लेकर पैरों में घुंघरू और रागों की बंदिशें,
शहर भर के उलेमाओं और शाइस्ता लोगों के बीच
ज़िंदगी और इंसानियत यहाँ सहम सी जाती है

कविता यहाँ सुनें

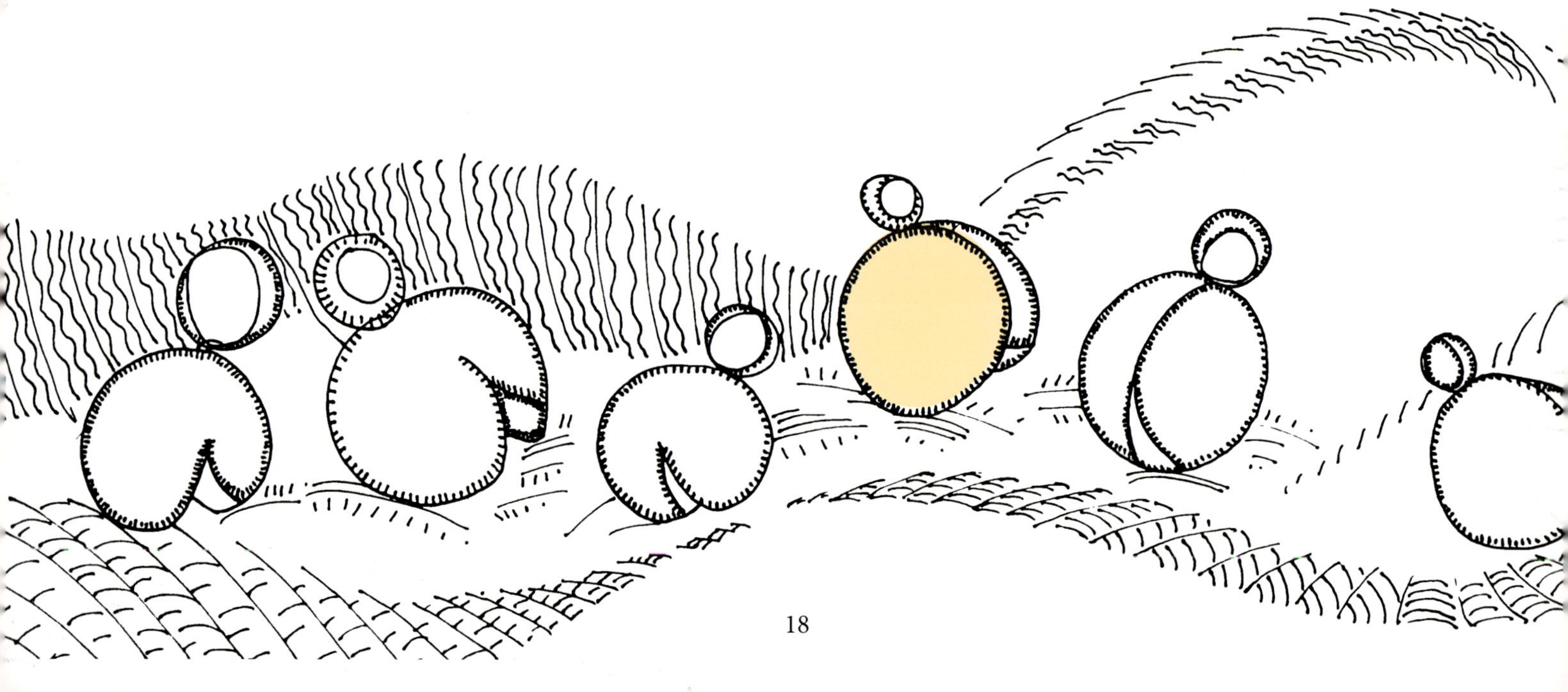

शतरंज की बिसात

शतरंज की बिसात पर
हम तो न बदल पाए, क्यूँकि
बदलने की फ़ितरत न थी, या
शायद हम दर्शक भर थे
बदल गए राजा और वज़ीर
हाथी और ऊँट भी
जो सफ़ेद थे काले हो गए
और जो काले लगते थे कल तक
मौसम की मार में सफ़ेद हो गए
मोहरे बेचारे क्या समझें और क्या बूझें
कोई काले के साथ लग लिए
और कोई सफ़ेद के हो लिए

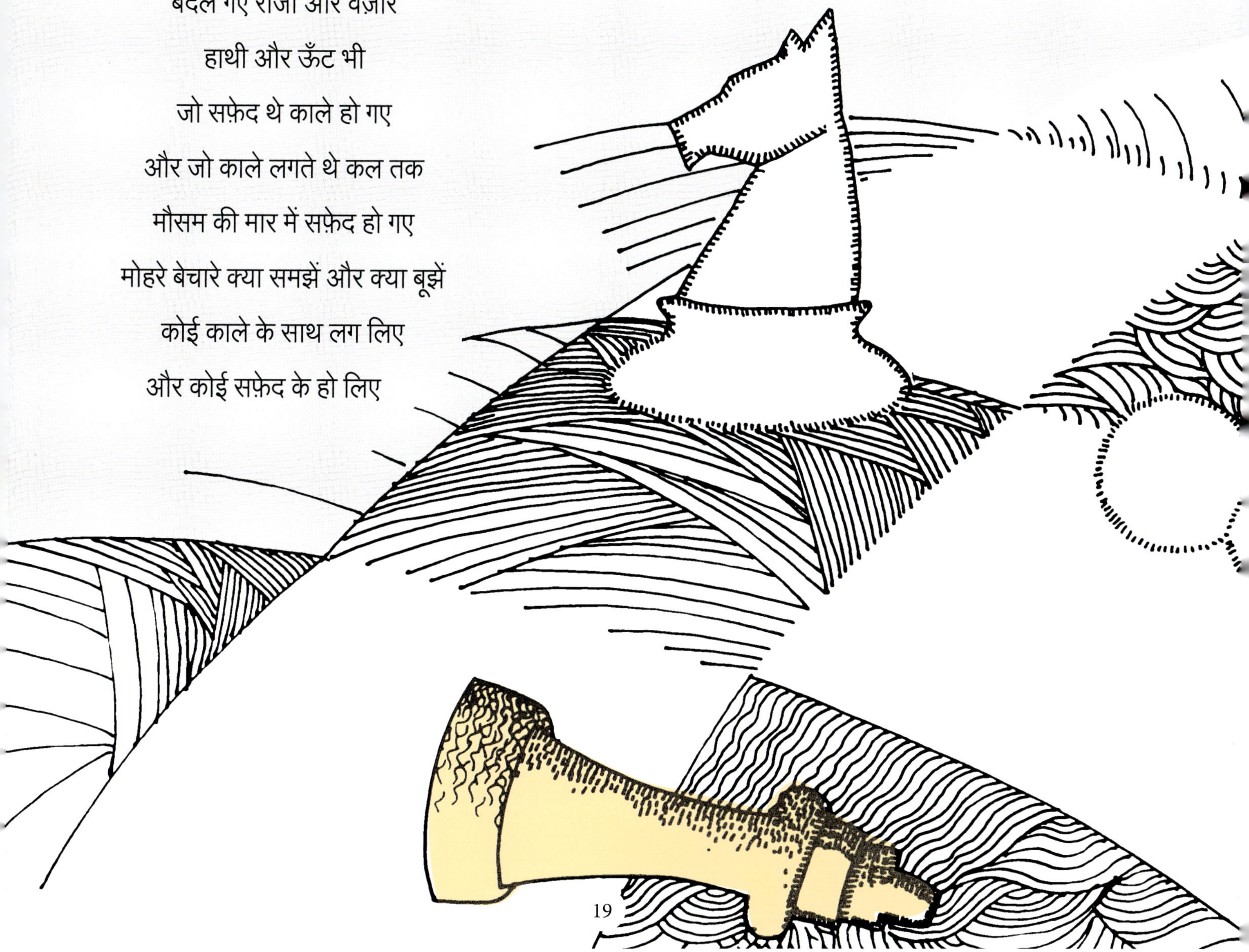

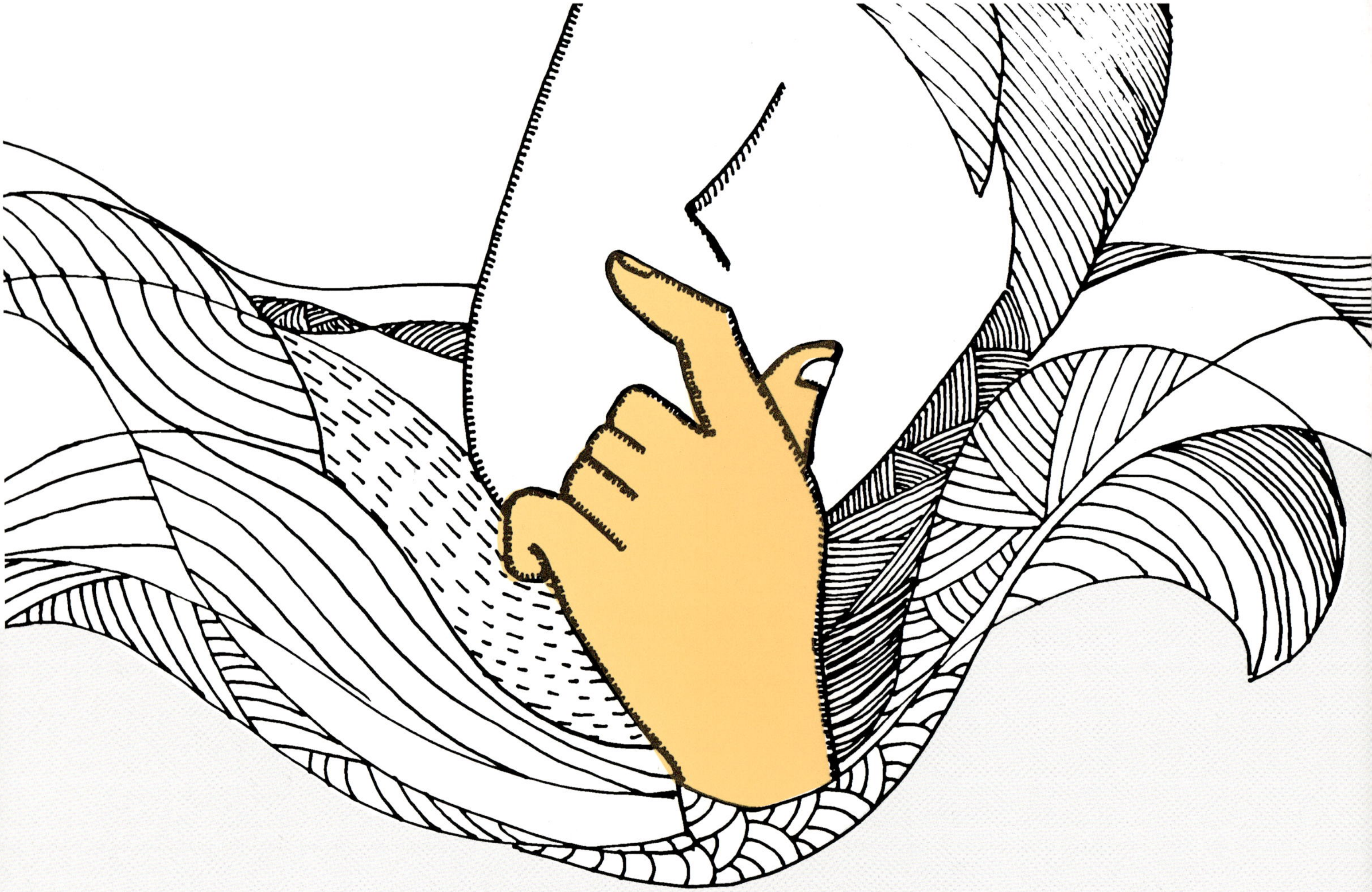

क्या बदल गया हूँ मैं

कुछ दिनों की छुट्टियों में घर आकर
बहुत ही कम समय निकाल पाया
अपने माँ-पिताजी के लिए
आज यूँ ही सोच रहा हूँ मैं
क्या बदल गया हूँ मैं

पहले दिन विश्राम करता हूँ और
माँ से मिलता हूँ और चल देता हूँ
देवों के दर्शन को और रिश्तों में मिलने को
माँ तुम्हें समय नहीं दे पा रहा मैं
क्या बदल रहा हूँ मैं

घूम रहा हूँ देवताओं के मंदिरों में
प्राप्त करने अभीष्ट अपने ईष्ट से
सबको तो समय दे रहा हूँ मैं
सिर्फ़ माँ से नहीं मिल पा रहा हूँ मैं
लगता है बदल रहा हूँ मैं

यात्रा से आकर फिर विश्राम करता हूँ
बस उसी वक़्त माँ से मिलता हूँ
अपनी बहुत सुनाता हूँ और
शायद कुछ ही माँ की सुन पाता हूँ मैं
लगता है बदल गया हूँ मैं

उस दिन माँ सारी ममता उड़ेलती हैं
कुछ मेरी पसंद का व्यंजन बनाकर
मेरी सब सुनकर कुछ अपनी सुनाकर
वो लम्हे महीनों जीती है माँ और मैं
माँ इतना भी नहीं बदला हूँ मैं

पिताजी कभी कुछ कहते नहीं
ऐसा भी नहीं कि वो कुछ सहते नहीं
उम्र के साथ बढ़ती जा रही शैथिल्यता
वो बताते नहीं पर समझ रहा हूँ मैं
माँ-पिताजी सब समझ रहा हूँ मैं

कल वापस शहर जा रहा हूँ
जो लाया वो लपेट रहा हूँ
जो मिला वो समेट रहा हूँ
अनजान भाव जी रहा हूँ मैं
कितना बदल गया हूँ मैं

पत्नी, बच्चे, नाते रिश्तेदार सब ख़ुश हैं
सबसे मुलाक़ात जो हो गयी थी
माँ-पिताजी का समय काटकर
क्या था अभीष्ट अब यही सोच रहा हूँ मैं
पता नहीं क्यूँ बदल गया हूँ मैं

कविता यहाँ सुनें

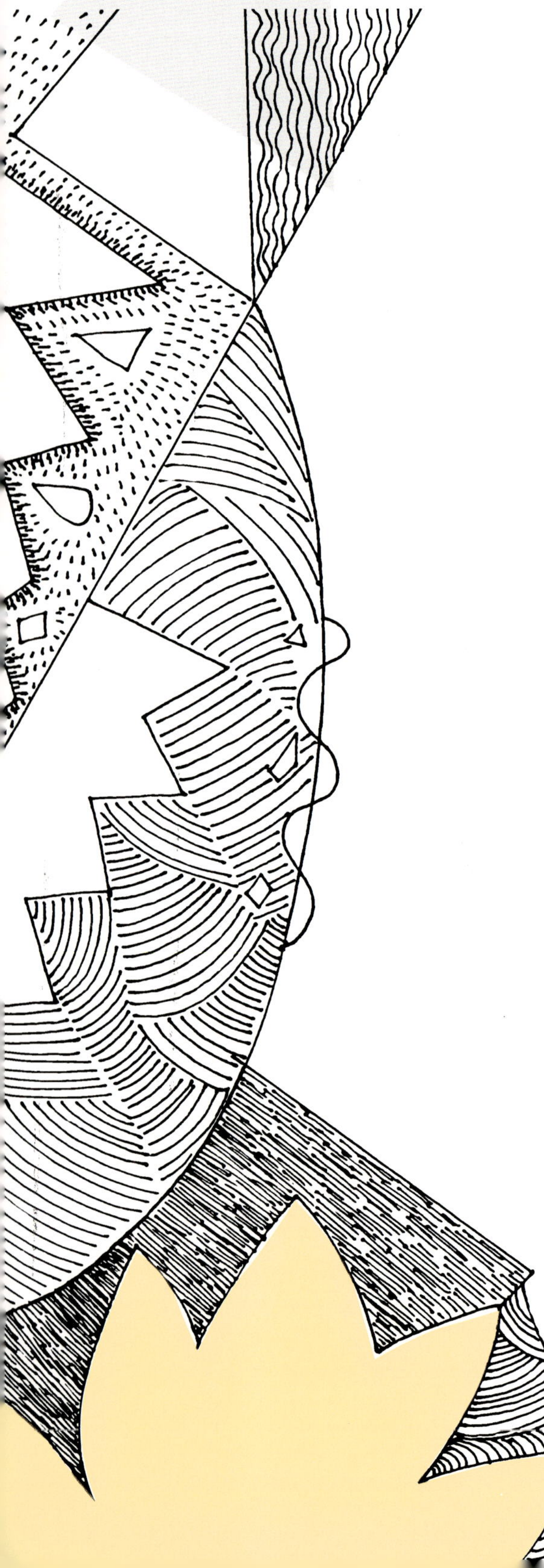

सगर्भा की भूख

मैं सगर्भा माँ हूँ ना
होने वाले बच्चे की माँ
अब दो जान पलती हैं मुझमें
भूख भी दोगुनी लगती है
तुमने मेरे जंगलों पे अधिकार जमा रखा है
मेरा आशियाना भी उजाड़ रखा है
मेरे खाने को भरपूर था मेरे जंगलों में
खेत बनाकर अपने जीने का सामान सजा रखा है
सदियों से तुम्हारा मेरा साथ रहा है
बस इसी कारण तो तुमपर भरोसा किया है
तुम मुझे केला खिलाओ या अनन्नास
मैंने कब मना किया है
बड़े प्यार से खाती हूँ
आपसी विश्वास पर जीती हूँ
लेकिन जबसे तूने ख़ुद को नक़ली प्रगति से जोड़ा है
तबसे प्रकृति से अपना मुँह मोड़ा है
इस बार तो तूने हद कर दी
माँ और माँ की कोख दोनों सूनी कर दी

मैं तो बस अपनी भूख मिटाने आयी थी
तेरी रखी अनन्नास बड़े प्रेम से खायी थी
शायद मेरे अजन्मे बच्चे की ज़िद थी
या फिर मेरी और मेरे बच्चे की दोगुनी भूख
अनन्नास में बारूद भर कर तूने ये क्या कर डाला
अच्छा भला इंसान था, अपने को हैवान बना डाला
तुझे पता नहीं किस दर्द से गुज़री हूँ मैं
किस बेचैनी और असहनीय दर्द में दौड़ी हूँ मैं
मेरे दर्द से आराम को वेल्लियार नदी को पुकारती
अजन्मे को दिलासा देती बहते पानी में रुक गयी मैं
तीन दिन प्रकृति माँ की गोद में जल में रहकर
दर्द से अंतिम निजात हेतु अंततः दम तोड़ पड़ी थी
सहज भाव से प्रेममय होकर खाए अनन्नास में भरी
इंसानी बुज़दिली की बारूद ने आत्मा भी जला डाली थी
तू कैसे ख़ुद को इंसान कहता है
तुझमें एक बहुत निर्दयी हैवान बसता है
तू क्या मुझ निरीह जानवर को छोड़ेगा
तू मानव कोख में पलती बेटी को मिटा देता है
तेरी करनी आज तुझ पर ही भारी हो गयी है
कोरोना के रूप में तुझ पर ही हावी हो गयी है
अभी भी वक़्त है सुधर जा जात-आदम
बैठ प्रकृति की गोद में ज़िंदगी नई नई है

क्यूँ भूले तुम

कभी सोचा क्या तुमने ?
किसे कहते हैं समाज का आगे बढ़ना
और मानव का उत्तरोत्तर विकास
तुम व्यस्त हो
अपने आप में या संताप में
ख़ुद के लिए ख़ुशी बटोरने में
पता भी नहीं चला और ज़िंदगी गुजर गई
कुछ इस तरह पूरी पीढ़ी यूँ ही गुजर गई
कहीं ये अधोगति तो नहीं ?
वरना क्यूँ भूलते हम मानवता की हत्या को ?
क्यूँ भूल गए वो निर्भया कांड ?
क्यूँ नहीं बनाया वैश्विक शर्म दिवस ?
इस जघन्य अपराध के दिन को
शर्म आती है ना ये स्वरूप देखकर ?
तुम्हीं थे जो उस दिन आवेश में थे
कई महीनों आवेश में थे
क्यूँकि तब आग ज़िंदा थी
वक़्त ने मरहम लगा दिया ना !
मानवता का अक्स भी मिटा दिया ना !
मिटना भी चाहिए, क्यूँकि तुम्हें आगे बढ़ना है

उसी तरह जैसे उस रात के नरपिशाच बढ़ चले हैं

उस कांड के सब किरदार बढ़ चले हैं

पीछे देखने का क्या फ़ायदा ?

तुम आदी हो गए हो जघन्य अपराधों के

अब तुम्हें कोई फ़र्क़ नहीं पड़ता

कभी सोचा है उस बेचारी मानवता के बारे में ?

क्या हुआ उसका कहाँ है वो ?

आज सोने से पहले ज़रूर खोजना उसे

शायद मिल जाए कहीं दिल के तहख़ानों में

धीरज

धीरज जमाने का समाए हुए रखना
शख़्सियत को अपनी बनाए हुए रखना
वो चाहता है कर दे तुझे आज लाजवाब
तू ख़ुद को सिकंदर बनाए हुए रखना
चाहो तो छलनी में पानी रोक लोगे तुम
चाहो तो मुट्ठी में दरिया रोक लोगे तुम
हौसलों को अपने बस बचाए हुए रखना
तू ख़ुद को सिकंदर बनाए हुए रखना

सब्र की इंतहा

आँखों में पानी जो दिख रहा है
दहकते अंगारों सा ढलक रहा है
मेरे सब्र की इंतहा हो गई है
खूं लावा बन कर उबल रहा है

गुरू गोविंद के सिंह हो तुम,
राणा प्रताप के हो तुम सिपाही
सरहद के पार का धूर्त गीदड़
शेरों पे घाव कैसे कर रहा है ???

कविता यहाँ सुनें

उद्वेलित

मुझे सोने के पिंजरे में ला के मत बांधो
मुझे भाता है स्वच्छंद हवा में उड़ जाना
ऐशो आराम मयस्सर भी हों तो क्या होगा
जैसे एक शेर का पिंजरे में जा के गुर्राना
आज़ादी की लौ मुझमें भी है, है तुझमें भी
हाँ मुझे पसंद है हश्र ए भगत को पा जाना
मुझे उन मुर्दा जमीरों के जैसा मत आँको
जिन्हें आता है पिंजरों में जाके सुख पाना

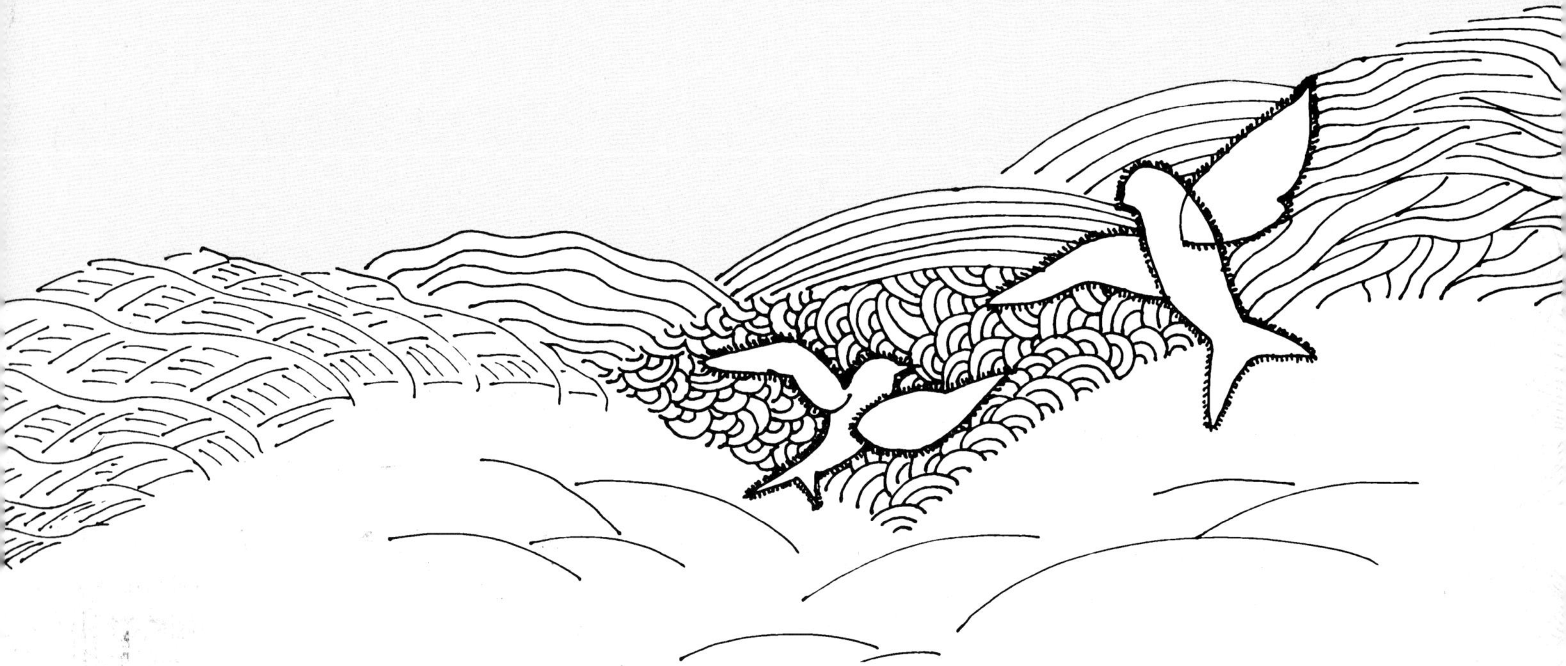

जीत का भरोसा होने लगा है

मुझे अब जीत का पूरा भरोसा होने लगा है
जबसे हर हाथ में पत्थर दिखाई देने लगा है
मौसम बौर का है आँधियाँ तो चलेंगी ही
महक रहीं हैं फ़िज़ाएँ जबसे फल पकने लगा है
हर कोई बैठा है फल की चाह में उस छांव में
जमा रक्खा है ढेर पत्थर का सबने अपने सामने
ना ही सब्र है किसी को, ना बागबां का इंतज़ार
देख नाशुक्र आदमज़ात को, दरख़्त भी हंसने लगा है

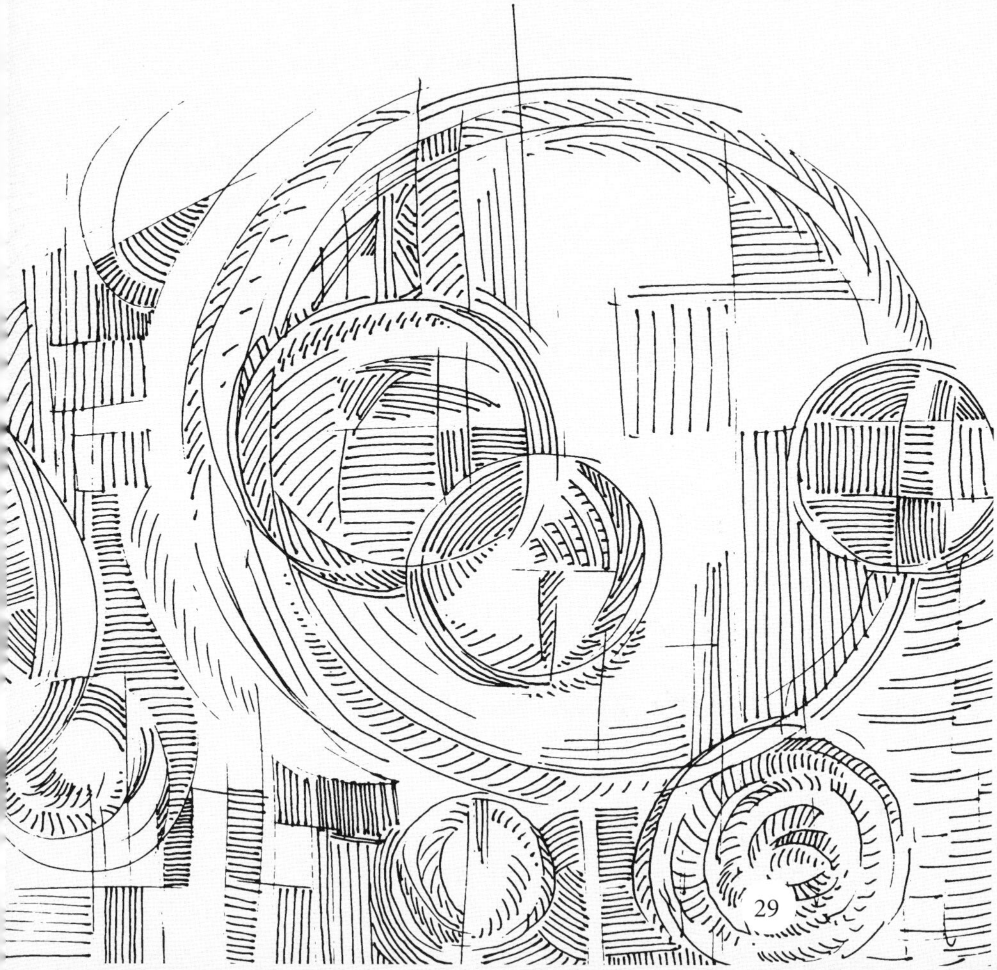

कविता यहाँ सुनें

सलाम कलाम

कलाम तुम मुझे याद हो
बहुत अच्छे से याद हो
जब मैं नया नया भर्ती रंगरूट था
वैज्ञानिक रंगरूट और
और तुम आए थे सासे मनाली
डी आर डी ओ की छोटी से लैब में
और मैं था छोटी लैब का सबसे छोटा वैज्ञानिक

आपसे भौतिकी तौर पर काफ़ी दूर
आप व्यस्त थे कार्य में
याद है वो घटना और आप मुझे क़रीब दिखे

आपको चश्मा चाहिए था
जो भूल गए थे आप
सासे के गेस्ट हाउस में
लगता है शायद मेरे लिए ही
बताया था आपने कि
रीडिंग टेबल पर रखा है
मुझे याद है आज भी कि
किस जोश के साथ दौड़ा था मैं

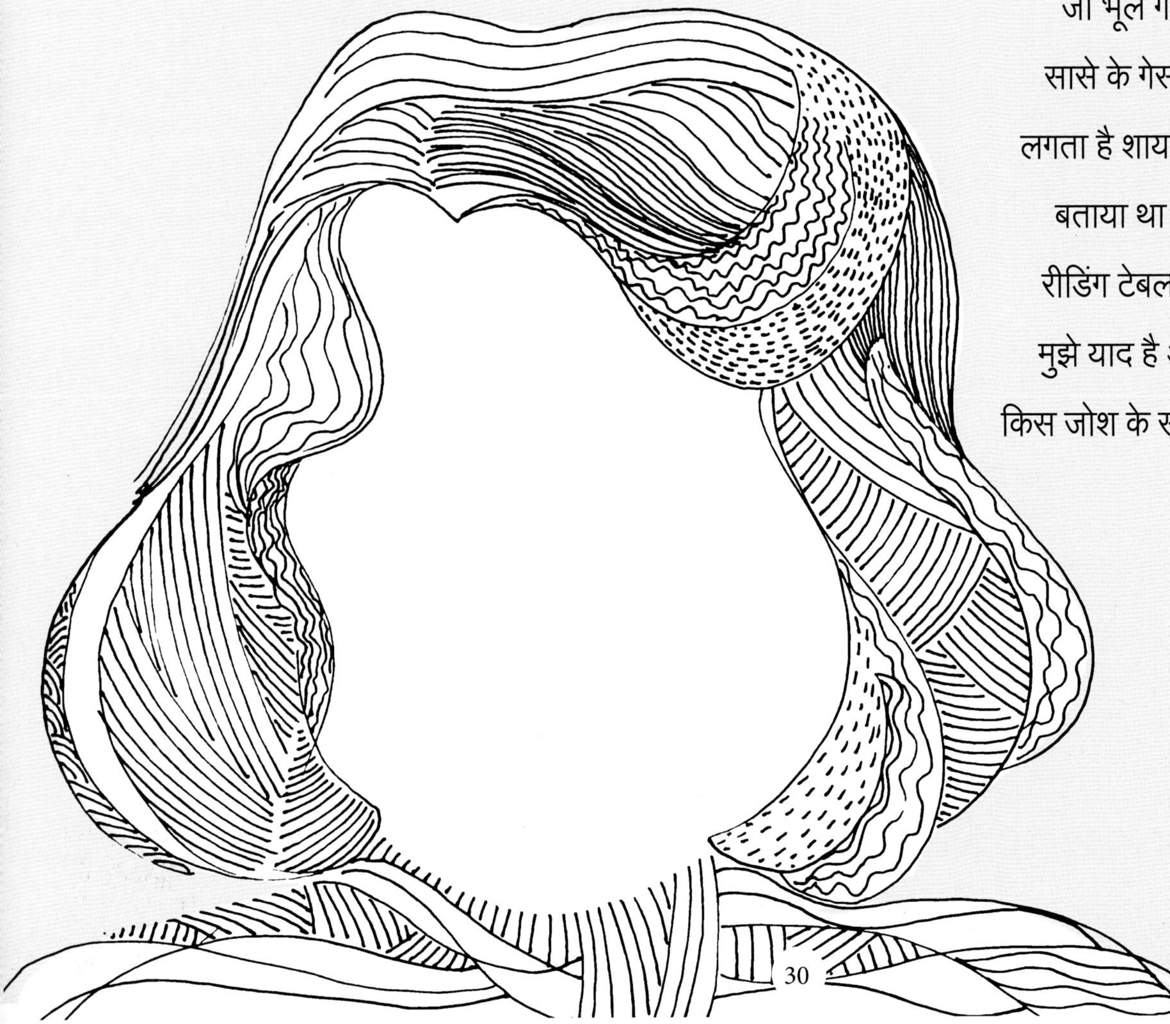

वो चश्मा लाने

और आतुरता से आपके हाथ में थमाने

कि शायद पारस स्पर्श की आस थी

मिल्खा सिंह बन गया था मैं शायद

दम लिया आपके कमरे में पहुँचकर

आँखे दौड़ाई सरसरी

चश्मा नज़र नहीं आया

और फिर देखा विस्तार से

नज़र नहीं आया फिर भी

शायद मैंने कुछ और क़रीब से देखना था

कलाम

सोचा देख लूँ एक बार टॉयलेट में भी

दरवाज़ा खोला तो नज़र आ गया सामने चश्मा

एक पुराने से कवर से लिपटा हुआ

जिसका रेकसीन टूट चुका था बुरी तरह

और साथ में पड़ा था कोलगेट का टूथ्पेस्ट

मोड़ और घुमा घुमा के रखा हुआ

एक बहुत पुराना दाढ़ी बनाने का ब्रश

जिसके बाल शायद घिस घिस के छोटे हो गए थे

एक रेज़र बहुत पुराना सा

जिसकी कलई पूरी निकल चुकी थी

और एक छोटे डब्बे में रखा हुआ शेविंग सोप

जो अब केवल किनारों पर ही बचा हुआ था

और मैं देख रहा था कलाम

बहुत नज़दीक से

जो शायद बहुत कम ने देखा हो

बहुत समझ लिया कलाम

कुछ ही पलों में, बिना मिले जुले

और फिर दोबारा बन गया था मिल्खा

चश्मा लेकर वापस

और शायद पहुँच गया था पलों में

और मुझे याद है आज भी वो पारस स्पर्श

जो मिला था मुझे चश्मा देते समय

और मैं समझ चुका था कलाम

पूरा कलाम

लोगों का लोगों के बीच का कलाम

कविता यहाँ सुनें

अजन्मी कल्पना

श्रद्धा थी और था विश्वास
पति-पत्नी व्रत था सारांश
दोनों में प्यार भरा अहसास
ये लोग जहाँ पर रहते हैं
उस जगह पर नदिया बहती थी
श्रद्धा एक किनारे थी
विश्वास भी तकता रहता था ,
बैठा हुआ दूजे किनारे पर
कुछ दिन यूँ ही बीते और
बीती यूँ ही कुछ रातें भी

द्विज मन में धीरे-धीरे
पिया मिलन की आस बढ़ी
अब श्रद्धा भी तकती रहती थी
विश्वास भी तकता रहता था
अब अलग किनारे होकर भी
उनका मन मिलता रहता था,
फिर एक ऐसा दिन भी आया
मन मान सका ना एकाकी जीवन
दर्शन की तीव्र तृषा लेकर

दोनों ही थे मीरा तन मन
लज्जा की कैद नहीं थी अब
बंधन का घुंघरू तोड़ दिया
मन का इकतारा लेकर दोनों ने
अपना किनारा छोड़ दिया
नदिया के दोनों छोरों से
श्रद्धा थी बढ़ी विश्वास बढ़ा
मँझधार पे आकर दोनों को
जीवन का खेवनहार मिला

अब दोनों ही माझी जीवन थे
दोनों ही थे राही जीवन
जीवन के हर सुख दुःख में
श्रद्धा विश्वास भरा जीवन
इसी तरह कुछ दिन बीते
यूँ ही बीते थे कुछ साल
इक दिन यूँ ही हँसते - गाते
आरंभ हुआ नव जीवन ताल
गर्भस्थ हुई थी श्रद्धा अब
श्रद्धा में था उसका विश्वास

चरक आज के जो भी हैं
वो बता चुके पुत्री का राज
उड़ी कल्पना श्रद्धा की
पुत्री का सुन कर के आग़ाज़
नाम चुना था श्रद्धा ने
शुभ्रा अथ सरस्वती-अवतार
शुभ्रा एक छोटी बच्ची थी
जो लटक मटक कर चलती थी
उसके हँसने और गाने से
जीवन में ख़ुशियाँ भरती थी,

शुभ्रा थी श्रद्धा और विश्वास
वह इसी तरह तो बड़ी हुई
जीवन के हर पग पर शुभ्रा
हर क्षण हर पल सफल हुई
अब वह एक सफल वैज्ञानिक थी
और थी वह एक सफल लेखक
वह एक सफल नेता भी थी
समाज - क्रांति की थी नायक
श्रद्धा की पुत्री शुभ्रा तो

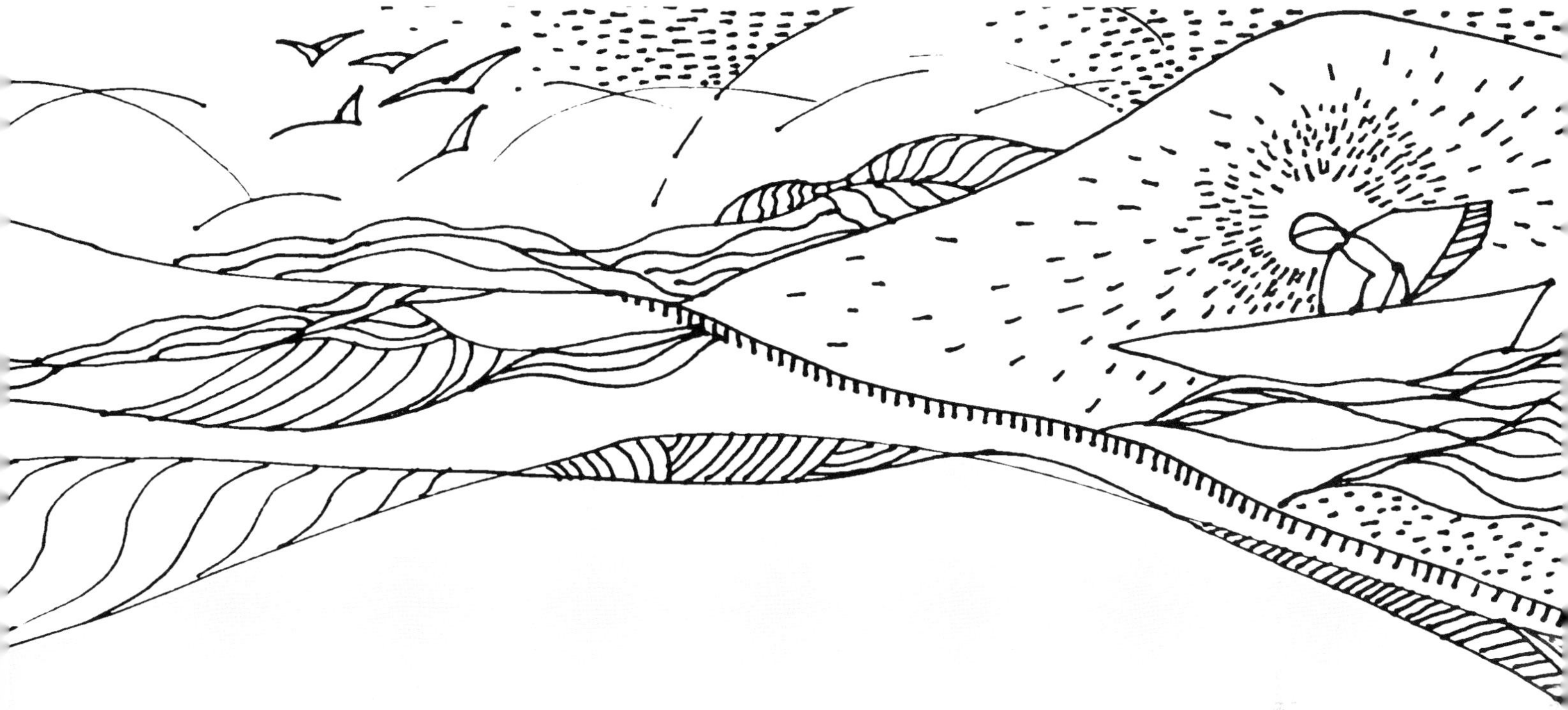

अब थी भारत की गौरव
लोगों को याद वह रहती थी
अपाला या गार्गी की तरह
तभी अचानक श्रद्धा की
कल्पना को था लगा विश्राम
वाम दृष्टि पर देखा तो
बैठा था वर्तमान चरक
दाईं दृष्टि जब दौड़ाई
आभास न था उसको भाई
रक्तरंजित कन्या भ्रूण शिशु था वह
शायद चक्षु खोलने को तैयार
पर श्वास नहीं थी अब उसमें
दिल धड़कने को था नहीं तैयार

विश्वास था इसका जिम्मेदार
वह कन्या शिशु हो सकता था
अपाला, गार्गी, कल्पना या इंदिरा
पर अब वह कुछ भी तो न था ,
था तो अब माँस का एक टुकड़ा
धरती को स्वर्ग बना सकता था

एक हाथ चार हत्याएँ हुई
हतपुत्री, हत श्रद्धा, हत विश्वास और हत मानवता
वर्तमान चरक था अब और समृद्ध
विश्वास था अपने आप में ख़ुश
बदहाल तो बस एक श्रद्धा ही थी,
जो जीवन भर अभिशप्त हुई

सच कहता हूँ

दोस्तो सच कहता हूँ मुझमें कोई फरेब नहीं
लड़ना फ़ितरत में है बस और कोई ऐब नहीं
केवल ख़ुद के लिए जीना नागवार लगता है
ऐसा भी नहीं कि अपनों के लिए वक़्त नहीं
हारकर रूक जाना फ़ितरत में है नहीं शामिल
जमीं की घास का झुकना तो गलत बात नहीं
भूख मिटाता हूँ पशु की, सजाता हूँ बगीचे भी
मौसम से नहीं डरता, बस और कोई बात नहीं
नदिया से सीखा है बहते रहने का सलीका भी
जो चाहे आए जी ले, मना तो कभी किया नहीं
बरसात का है मौसम, किनारों की भी मुश्किल
कभी उतराव ज़रूरी है, कभी ठहराव भी नहीं
अधिकार की गंगा को यमुनाओं की है ज़रूरत
नदिया के जीवन में धाराएँ हैं ज़रूरी और कुछ भी नहीं

कविता यहाँ सुनें

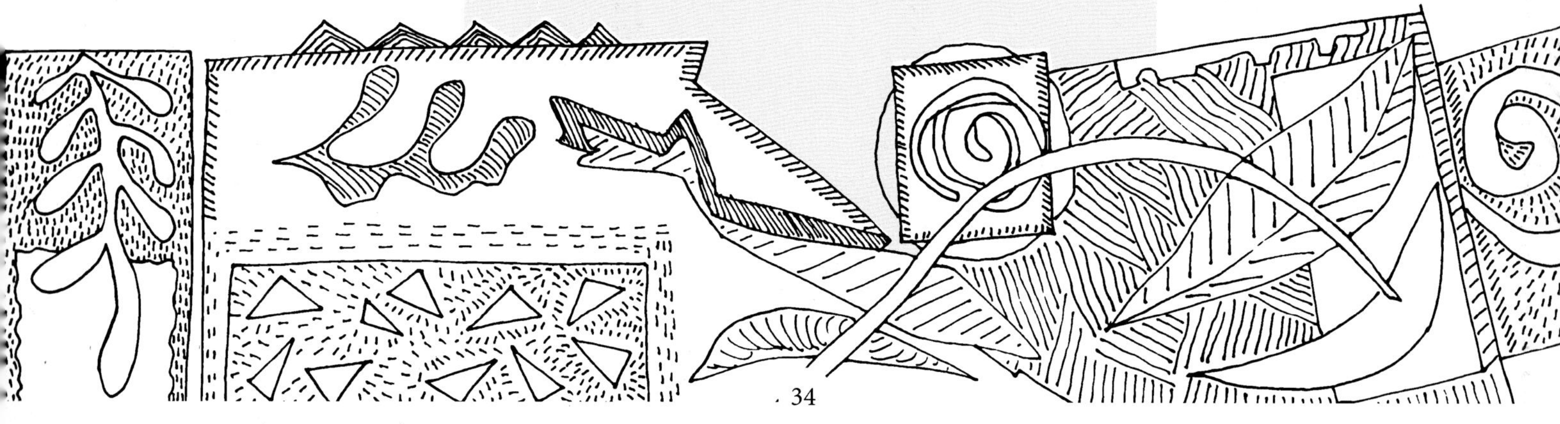

सियासत

तेरी आँखों पे पड़ी गर्द धुल तो जाए कभी
चेहरे पे छुपा वो चेहरा दिख तो जाए कभी
चाहता हूँ मैं दिखाना चीरकर सीना अपना
कितना जाहिल हूँ न समझाना मुझे अभी
जब रात आई है, सवेरा क्यूँ कर न होगा
ज़िंदा होने हैं सियासत के सवालात सभी

कविता यहाँ सुनें

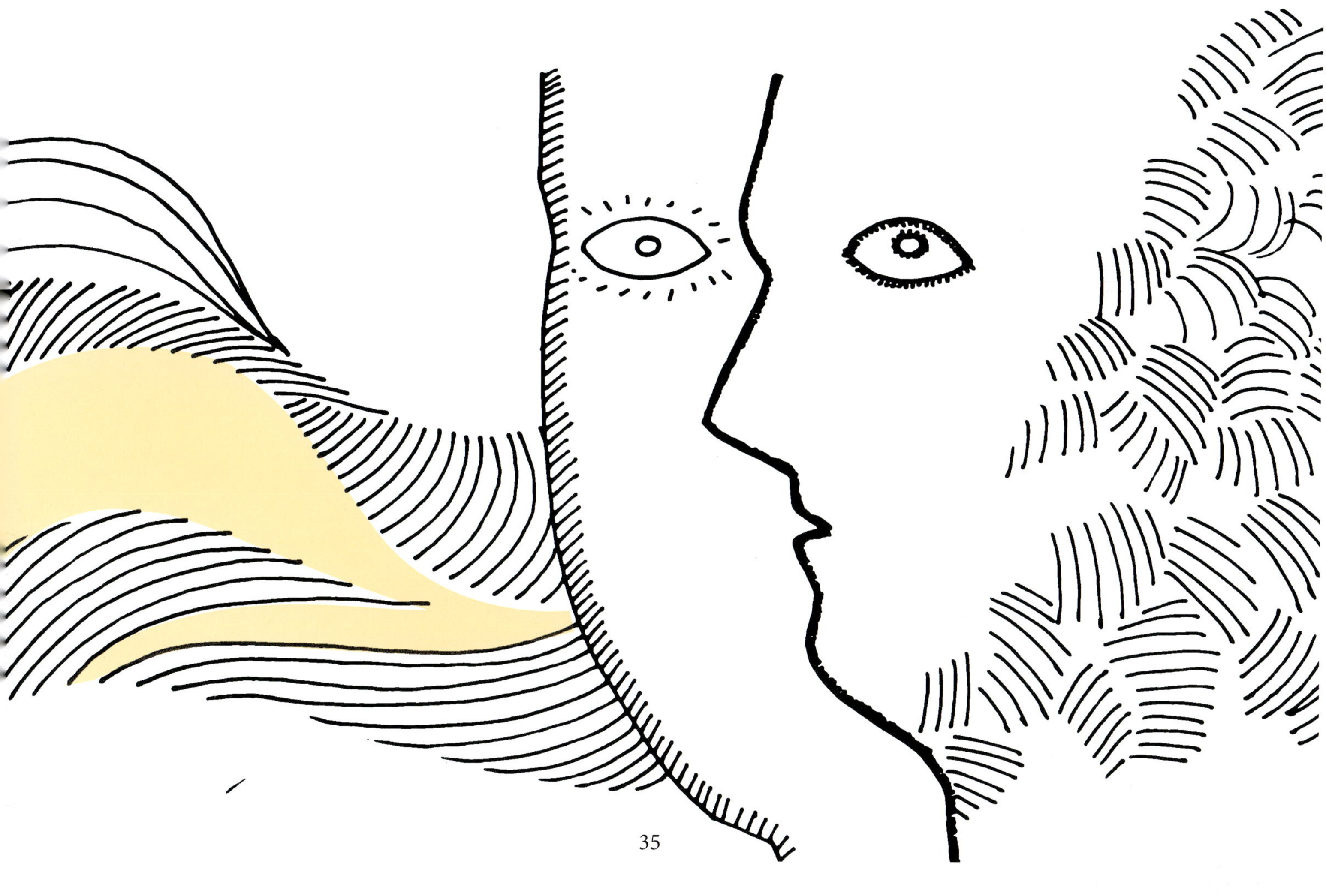

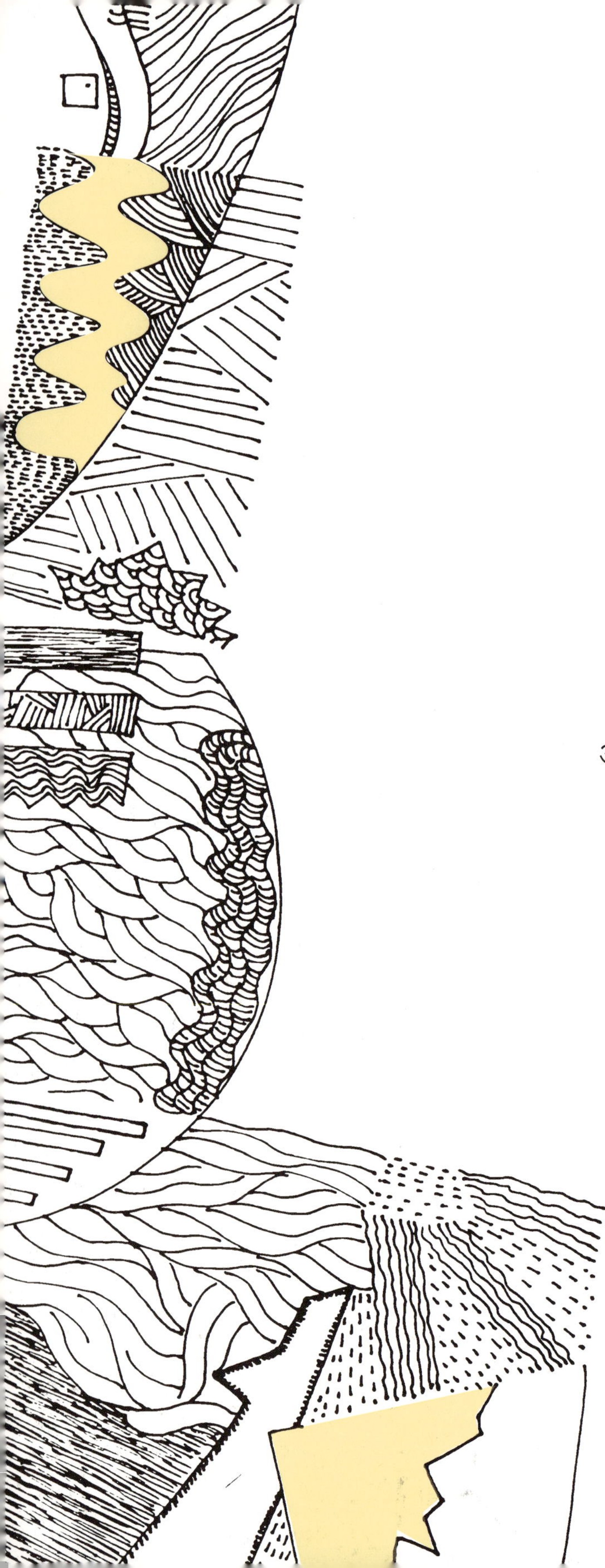

अंतर

मैं गाँव से शहर आया हूँ
और शामिल हो गया हूँ
शहर की भेड़ जैसी भीड़ में
सभ्य शहरी आदमी की तरह

सामूहिकता का एकाकीपन
हर गली मुहल्ले में पसरा हुआ ,
दिवस भर आज़ादी का जश्न मनाती
और पता नहीं किसका? हिस्सा चरती हर एक भेड़

सामूहिकता का अर्थ परिवर्तन होता है
गाँव से आकर शहर में
जो गाँव में मेरे शक्ति का पर्याय थी
पौरुषहीन हो चुकी है इस शहर में आकर

शहर में स्वर्ग सा एहसास होता है
क्यूँकि यहाँ भावनाएँ नहीं होती

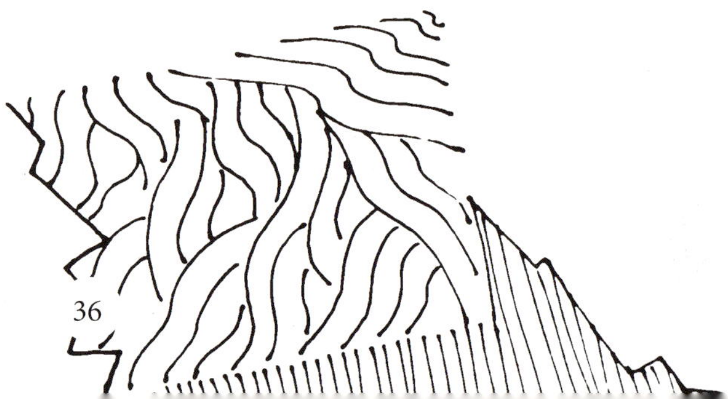

सुरासुर संग्राम छिड़ा रहता है
फिर भी हर अंर्तमन में

मेरे गाँव की अतीत की यादें
झकझोरती हैं मेरे अंर्तमन को
और मेरी भावनाओं की गठरी में ,
अहं की एक ग्रंथि सी पड़ गई है।

प्रतिष्ठा लाजो के संदूक में बंद
छुईमुई से सम्मान की निगरानी में
गतिमान घड़ी के पेंडुलम की तरह
बदलती हर क्षण, हर पल

सोना परखने वाला जौहरी
अब रखता है बहुरंगी कसौटियाँ
निर्धारित करता है कसौटी का रंग
ग्राहक को देखकर

दोस्ती यहाँ बहुरूप बदलती है
परिभाषित होती हुई

देश , काल और परिस्थिति से
सेंसेक्स के अंकों की तरह

सभ्य शहरी तामसिक हो चला है
प्यार के तराने उसे तनाव देते हैं
और हिंसक कहानियाँ करती हैं प्रशांत
चुटकुले रुलाते हैं और हंसाती है हिंसा

हिंसक दृश्य हैं उसकी पाचक गोलियाँ
रात्रिभोज पचाने के लिए
सुबह के अख़बार की बलात्कार की ख़बर
गर्मागर्म चाय से ज़्यादा ताज़गी देती है उसे

ओ सभ्य और शहरी आदमी
छोड़ ये सामूहिकता का एकाकीपन
क्यूँकि हम जब भी मैं बनता है
कोई एक अतिवादी कसाई
फिर सरसरी निगाह डालता है
सामूहिक रूप से चरती भेड़ों पर
और ले जाता है खींचकर
कुछ दुबली-पतली निरीह भेड़

कविता यहाँ सुनें

क्या भूलूँ क्या याद करूँ

सुबह के अख़बार की
खट्टी-मीठी और चिरपिरी ख़बर पढ़कर
मैं बस यूँ ही सोच रहा था
कि सुबह की सैर पूरी करने के बाद
फ़ुर्सत के लम्हों को गुजारने के लिए
पत्नी की बनाई चाय की चुस्कियों के साथ
मैं अख़बार में आने वाली हर ख़बर का
कितना गहन अध्ययन करता हूँ
बस यूँ ही सोचा मैंने कि सोचूँ
क्या हुआ पिछले दिन और रात
मेरे देश के हर कोने में
जो बन गई आज सुबह ख़बर

पता चला कल रात जब कोई
एयर कंडिशन्ड रेस्तरां में
अपने बच्चों के साथ खाना खा रहा था
और उनकी फरमाइशें पूरी कर रहा था
उसी समय प्लेट में बचे खाने के एवज
कोई भूख से बेहाल बच्चा
अपनी माँ की गोद में दम तोड़ रहा था
मुझे ये भी पता चला आज ही
कि कल जब कोई अपने घर
महीने का महंगा राशन लेकर
अपने घर बड़ी ख़ुशी से पहुँचा था
तो उसी समय कोई किसान
अपने उगाए जूट से

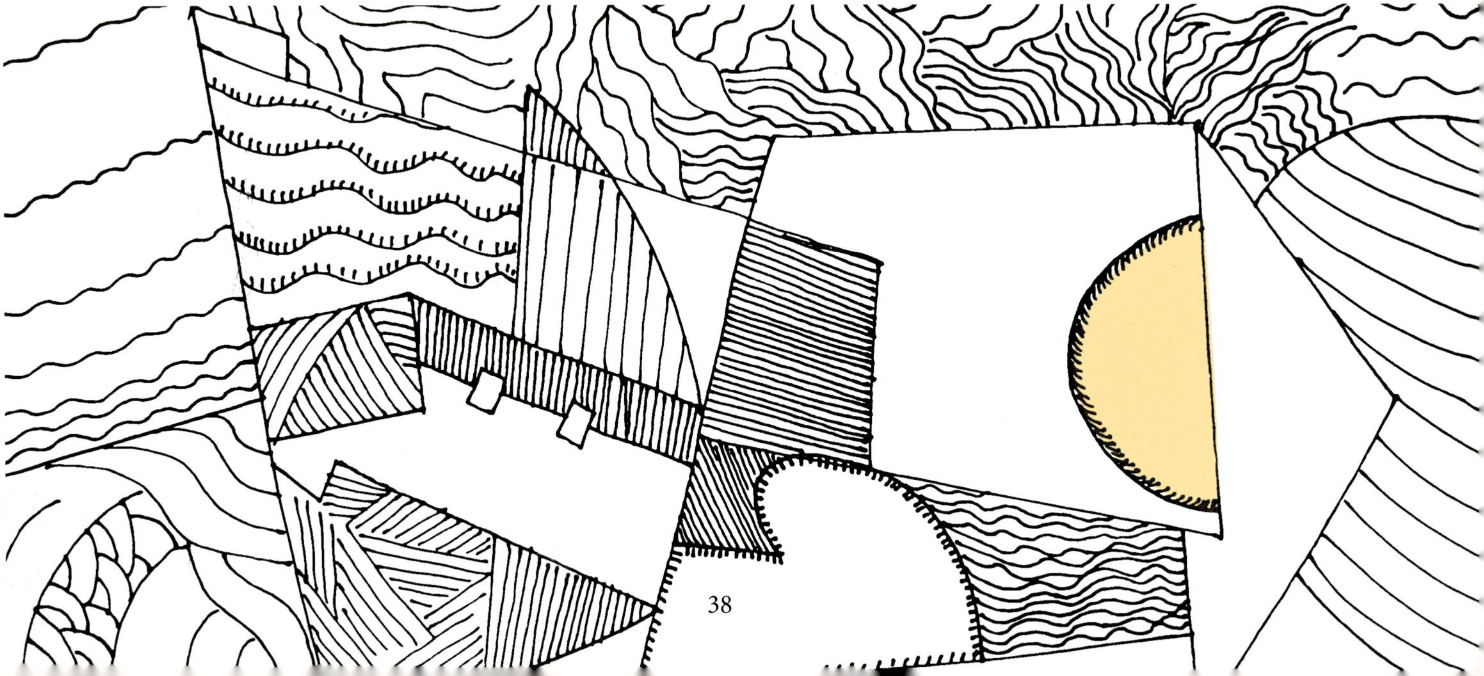

फांसी का फंदा बनाकर
अपने खेत के उसी पेड़ पर लटक गया था
जिसकी छाँव में वो मेहनत करके
खाना खाकर आराम किया करता था
मैंने पढ़ा कि उसे उस शाम
अपने उगाए अनाज का
पूरा दाम नहीं मिला था
जिसके दम पर उसने
अपनी बेटी की मामूली सी शादी के
बहुत मामूली से कुछ सपने बुने थे
जितने पानी को कोई अपने घर के
बाथ टब में नहाने में बर्बाद कर रहा था
अख़बार देखा तो पता चला कि उतने में तो
कोई महीने के पानी का हिसाब कर रहा था
कोई उसी समय पानी की तलाश में
घर से कोसों दूर गगरी उठाए चल पड़ा था
तो कोई माँ, बच्चे की दूध पानी की प्यास बुझाने
भरी गगरी लेकर घर की ओर दौड़ पड़ी थी
कोई बच्चा बीमार माँ को पानी लाने चल पड़ा था
और पानी लाते-लाते ख़ुद दम तोड़ पड़ा था
पढ़ा अख़बार तो मैंने जाना
जब कल सुबह मेरा बच्चा अपने घर में
सुरक्षित टॉयलेट के लिए जा रहा था

उसी समय ही तो एक छोटी सी बच्ची
अपनी माँ को बोलकर सुबह सवेरे
नित्यकर्म को घर से बाहर निकली थी
और कोई दरिंदा उसे बाहर से उठाकर
वीभत्स दुष्कर्म को ले गया था
कल रात जब मैं अपने आफिस से
बड़ी देर से लेकिन सुकून से
अपने घर वापस आया था
ठीक उसी समय कोई मेहनतकश लड़की
सुकून से टैक्सी लेकर घर को चली थी
और कोई भेड़िया निर्भया जैसा
वीभत्स कृत्य कर गया था और
अख़बार के मुताबिक वो वहशी
दरिंदा बेखौफ़ खुला घूम रहा था
मैंने अब पूरा अख़बार पढ़ लिया था
और चाय भी तो खत्म हो चली थी
आफिस जाने का समय हो गया था
चाय की चुस्कियों के खत्म होने के साथ
मैंने भी औरों की तरह
हर ख़बर को हजम कर लिया था
फ़ुर्सत से अख़बार बंद कर दिया था
ख़ुद को तैयार कर लिया था
कल सुबह की नई ख़बरें पढ़ने के लिए

कविता यहाँ सुनें

हौसलों का कारवां

तू गाँव से अपने, शहर को आ गया है,
शायद मरकर जीना ही तुझे भा गया है
मैंने माना कि सारे आराम मयस्सर होंगे
सोने के पिंजरे में जीना शायद तुझे भा गया है
क्या बची नहीं तेरे हौसलों में वो उड़ान
परों को क्या अपनी चोंच से खा गया है
सोचता हूँ वो कौन सी सोच थी हम में
देश ग़ुलाम कैसे रहा अब समझ में आ गया है
गिराए जिसने कई पृथ्वी, मंगल, भगत जैसे
वो सोच तोड़ने का वक़्त भी अब आ गया है
कारवां बनने लगा है आँख में सपना सजा है
साथ देने का वादा शायद वो कर के आ गया है

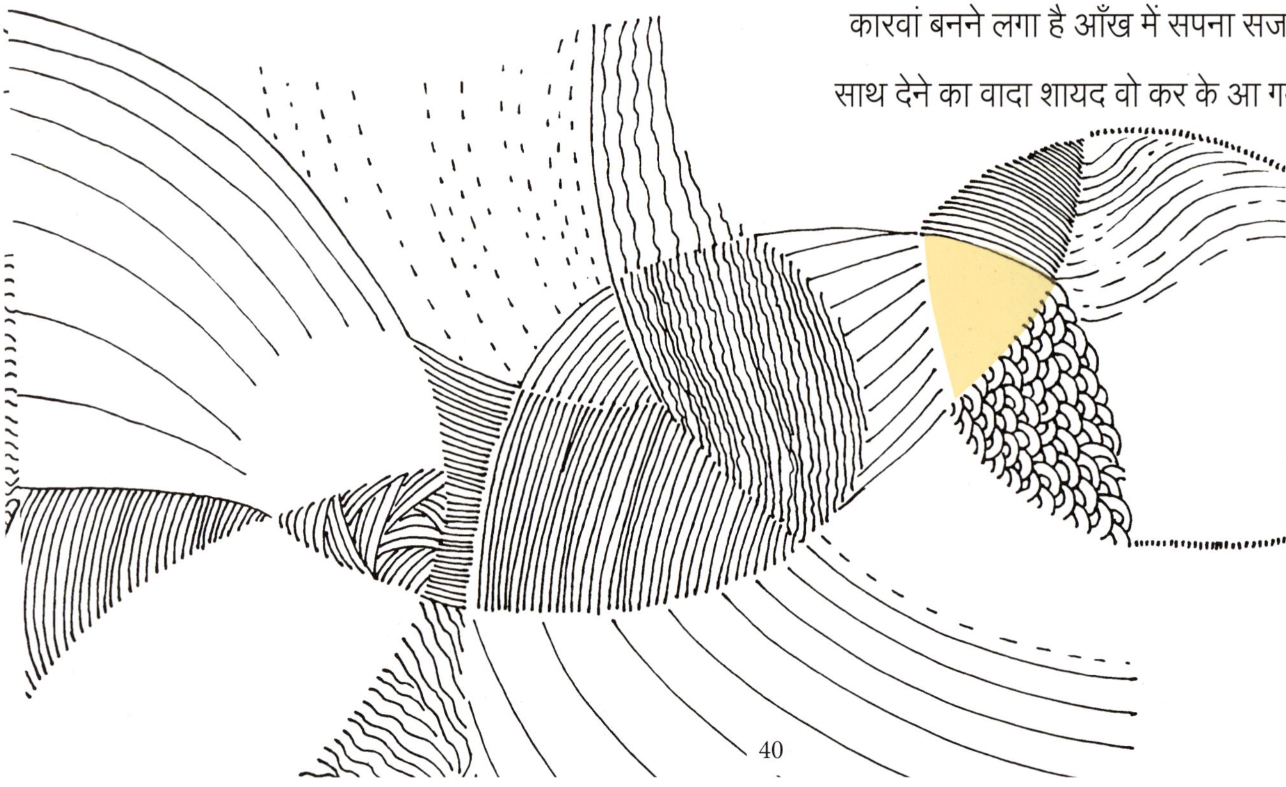

कविता यहाँ सुनें

ताबूत शहीदों के

बहुत भारी हैं ये ताबूत
जो कंधों पे उठाए गए हैं
वो मेरी माटी पे छाए हुए हैं
बहुत तपिश सी है इन के अंदर
ये तपस सहना है न सबके बस का
खौलते लावे सा साहस है तिरंगे में लिपटा
चीनियों का हौसला गला के आए हुए हैं

संभल के रहना बहुत है ज़रूरी
देश के दुश्मन, उधर हैं इधर भी
उधर के दुश्मन से फ़ौजी लड़ेगा
इधर वाले जमाने से पहचाने हुए हैं
चार दिन को न तुम याद रखना
चार दिन में ही न तुम भूल जाना
हटा दो अब जीवन से माल चीनी
देशद्रोहियों को बस उभरने न देना

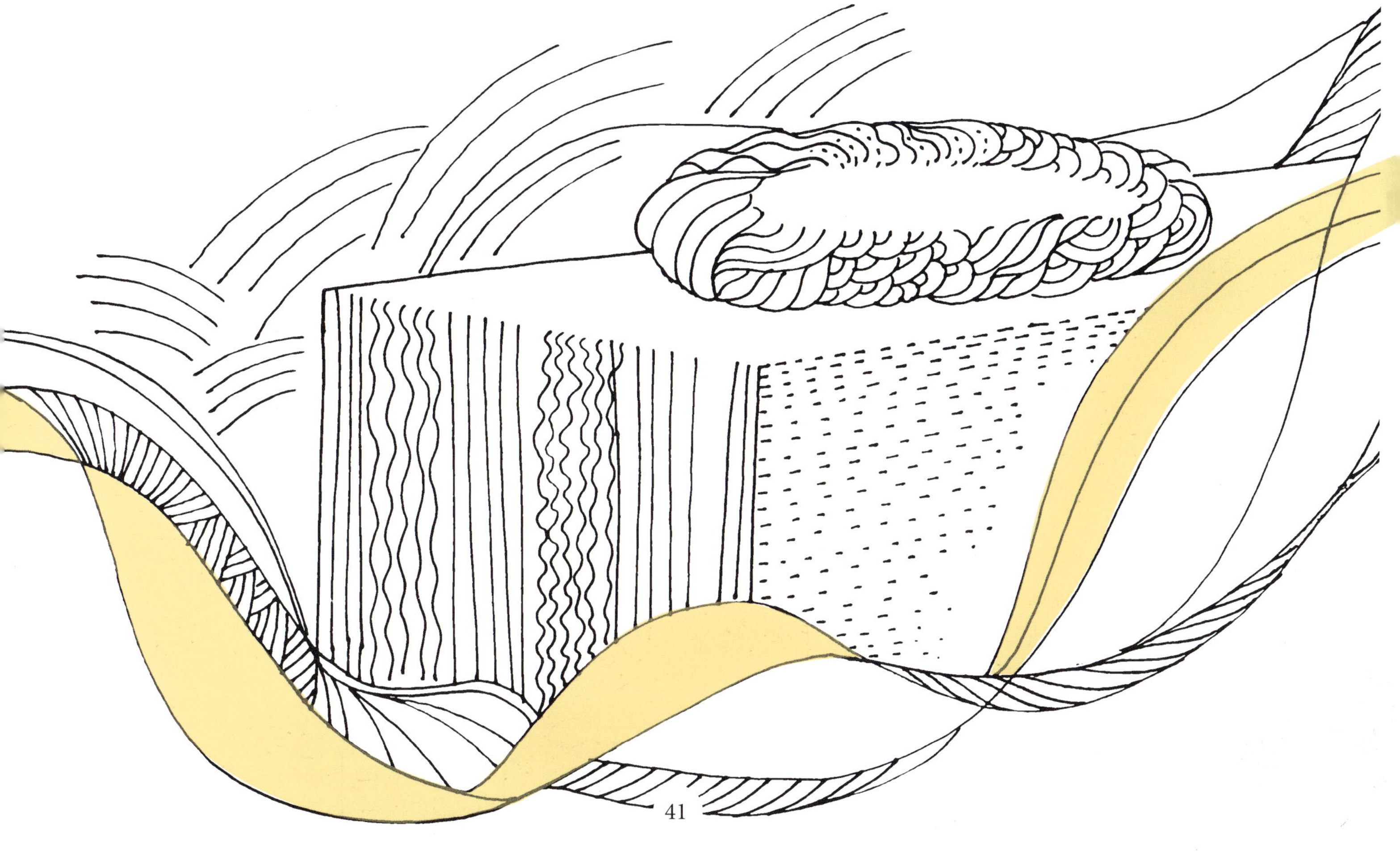

या बांवरा मैं हो गया हूँ

जब आया था इस शहर में, निर्भीक था बेबाक था
नए शहर की रिवायतों में ग़ुलाम सा कुछ बन गया हूँ
अन्याय का विरोध मेरा व्यक्तिगत तो न था
अन्याय सहते सहते कामनवेल्थ सा हो गया हूँ
अधिकारी ने अधिकार अपने दूसरे के सर किए
शापित हुए हनुमान जैसा शक्तियों को भूल गया हूँ

ढूंढता है हर कोई शहीद भगत अपने बगल में
समझा अब क्यूँ किसी राजा की जागीर बन के रह गया हूँ
निर्भाव लोगों के शहर में भाव बेचने को चला हूँ
जागे हुओं को जगाने उतावला सा हो गया हूँ
न्याय और अन्याय को क्या जानना इतना कठिन है
बोलो क्या बाकी गलत हैं या बांवरा मैं हो गया हूँ

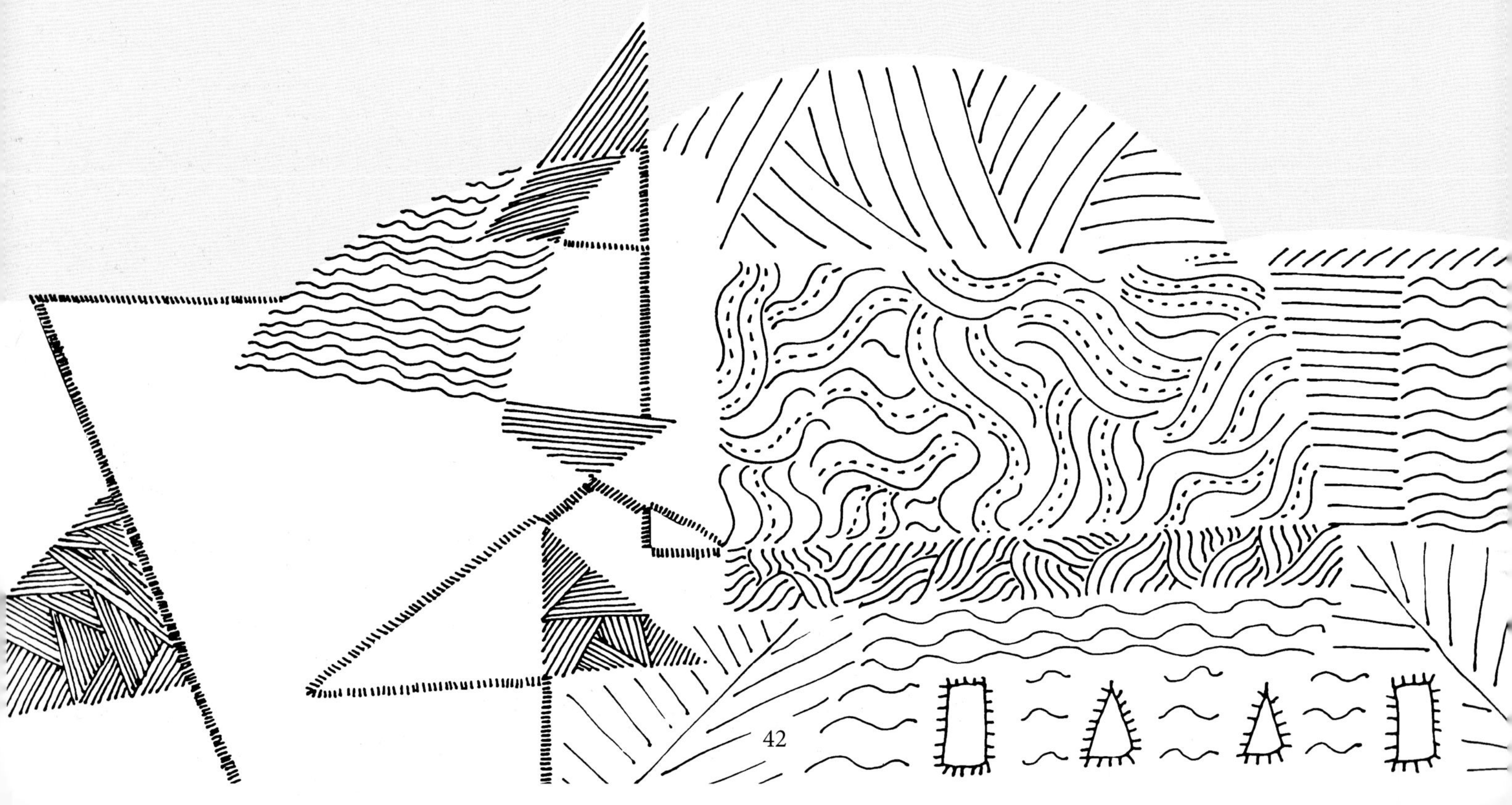

नुमाइंदगी-ए-सियासत

रिसते हुए घावों पे लगा मल्हम साकी
चलना है बहुत दूर मंज़िल है अभी बाक़ी

अजब है रंग-ए-सियासत, अजब नुमाइंदगी
कमतर जम्हूरियत में रंग-ए-राजशाही बाक़ी

हुकूमत से उम्मीद न कर, कर ख़ुद पे भरोसा
है बाज़ुओं में जोर जब तक और है लहू बाक़ी

हर नासूर फ़ुर्सत से पका करता है ठीक होने को,
अभी चीख़ने के ढंग देखो, है दर्दे इंतहा बाक़ी

उतरेगी सब की ख़ुमारी कि जब हवा नहीं होगी
किसकी रही है देर तक आसमां में पतंग बाक़ी

ना सोचना कि हाले दिल बयाँ क्यूँ कर रहा हूँ मैं,
कहीं उम्मीद थम न जाए लिख रहा हूँ जंग बाक़ी

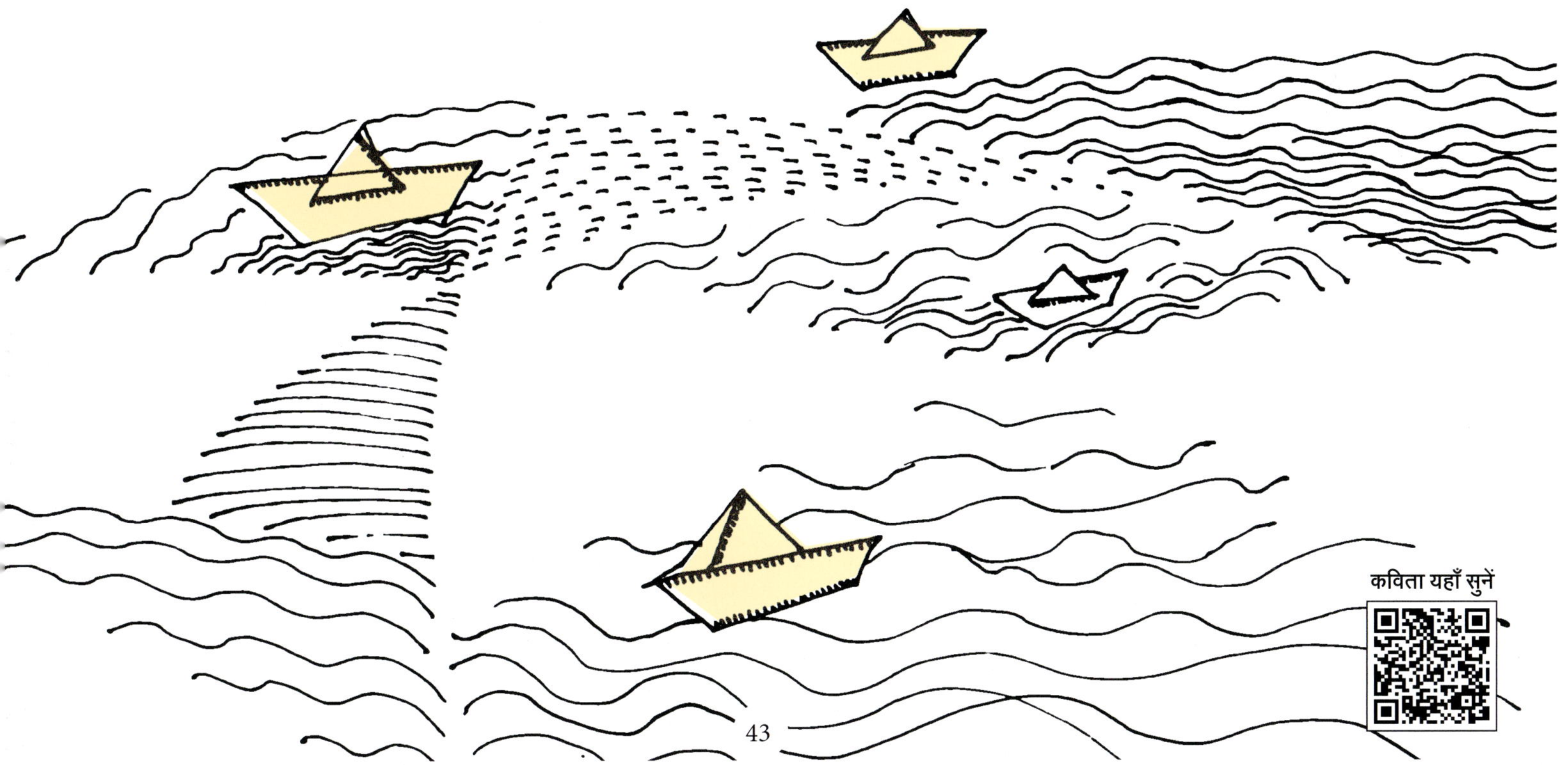

कविता यहाँ सुनें

जहाज़ की उड़ान

कभी जहाज़ पर उड़ो

तो उसके टेकऑफ़ को ध्यान से देखना

खिड़की से झाँकना बाहर

देखना बाहर ज़मीन और आसमान

और महसूस करना जहाज़ के इंजन को

जो लगाता है अपना पूरा ज़ोर

ध्यान देना ज़मीन पे दौड़ने के लिए नहीं

उसका लक्ष्य अलग है
उसके ज़मीन पे तेज़ दौड़ने पे मत जाओ
रुको ध्यान दो उसके पंखों पर
देखोगे उसके पंखों के फ़ोईल गत्यात्मक हैं
शायद प्रत्यक्ष नहीं परोक्ष
कुछ बदल रहा है और
जहाज़ टेकऑफ़ करने लगा है
ज़मीन छोड़ने लगा है
और चढ़ने लगा है आसमान पर
ध्यान दोगे तो लगेगा कि अचानक
तेज़ गति से दौड़ता जहाज़ स्थिर होने लगा है
सोचना अब
क्या वास्तव में गति कम हुई
नहीं, बिल्कुल नहीं
जहाज़ में लगे टीवी का मॉनिटर देखो

तो पता चलेगा
गति बढ़ती जाती है
गंतव्य तक पहुँचने के लिए
फिर ये स्थिरता क्यूँ
ये स्थिरता जहाज़ की बिल्कुल नहीं है
ये स्थिरता परिप्रेक्ष्य की है
जो सापेक्ष है
ध्यान देना जब-जब भी
आपके दृश्य का विस्तार होगा
स्थिरता ज़्यादा होगी
और देख पाओगे तुम स्थितियों को
निर्भाव रूप से
फिर ज़मीन की छोटी छोटी हलचल
तुम्हें तंग नहीं करेगी
जब देखने लगोगे चीज़ें परिंदे की आँखों से

ऊँचाइयों का दर्शन

ऊँचाइयों के अपने डर होते हैं
कभी समझना हो तो देखो
प्रकृति को और परिंदों को
उनके डर का वातावरण अलग है
ज़मीन से बिल्कुल मेल नहीं खाता
उनके डर उनके जैसों से हैं
जो लेते हैं ऊँची उड़ान
तो जब भी उड़ो
टटोल तो अपना विश्वास
धैर्य और पंखों की ताक़त
और फिर जी भर के उड़ो
उड़ो बाज की तरह
बिना पंखों को हिलाए
प्रयुक्त करो प्रकृति प्रदत्त ऊर्ध्व वायु
ऊँचा जाने के लिए
और ड़रो मत
रात के घुप्प अंधेरे में

कविता यहाँ सुनें

किसान की आस

मेहनतकश किसान की आस की नोक बनाकर
और उसके हौसले की लकड़ी का हल बनाकर
फिर उसके ही कंधों पर उस हल का जुआ रखकर
अवसरवादी अपनी राजनीतिक ज़मीन जोतते हैं

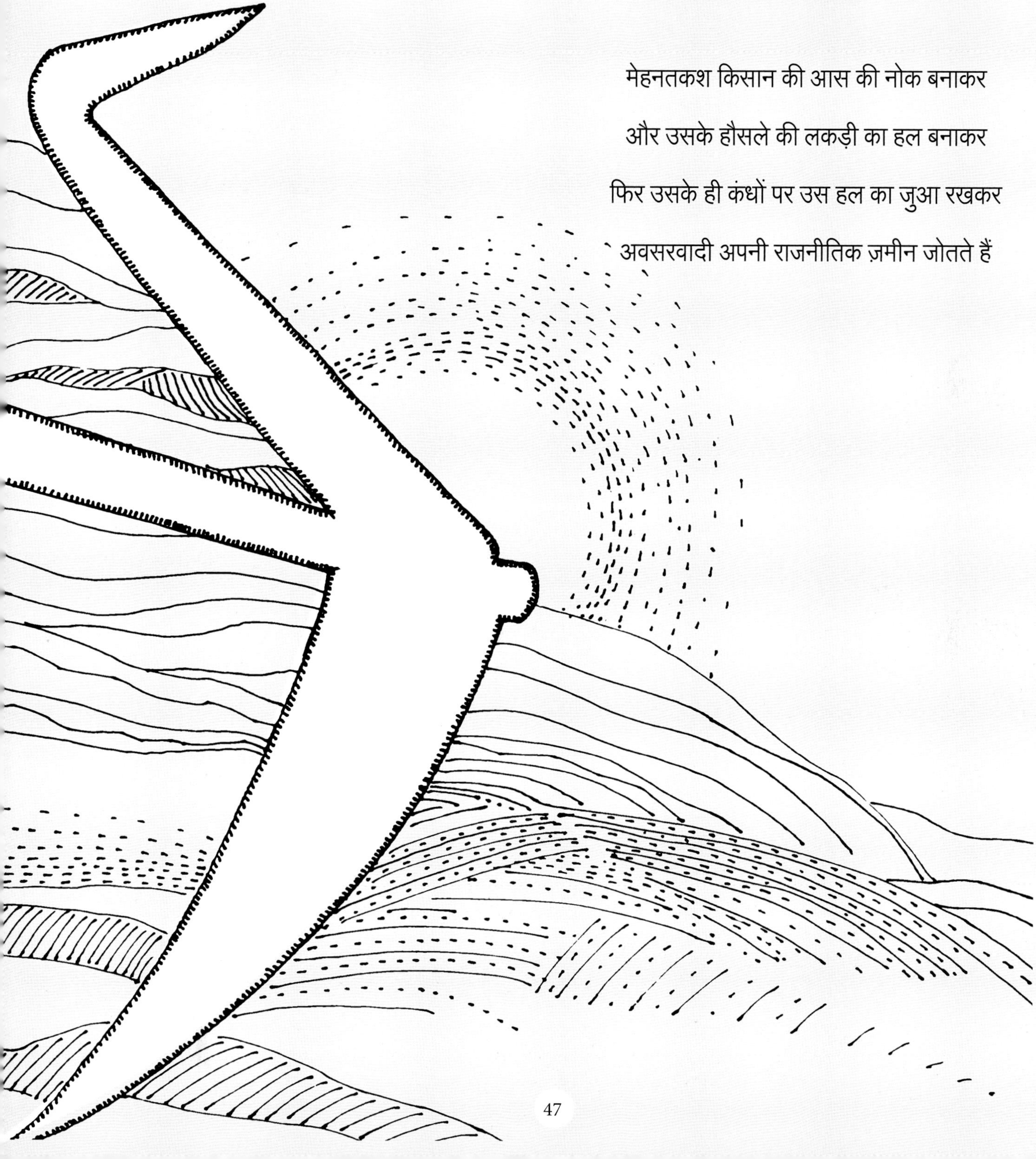

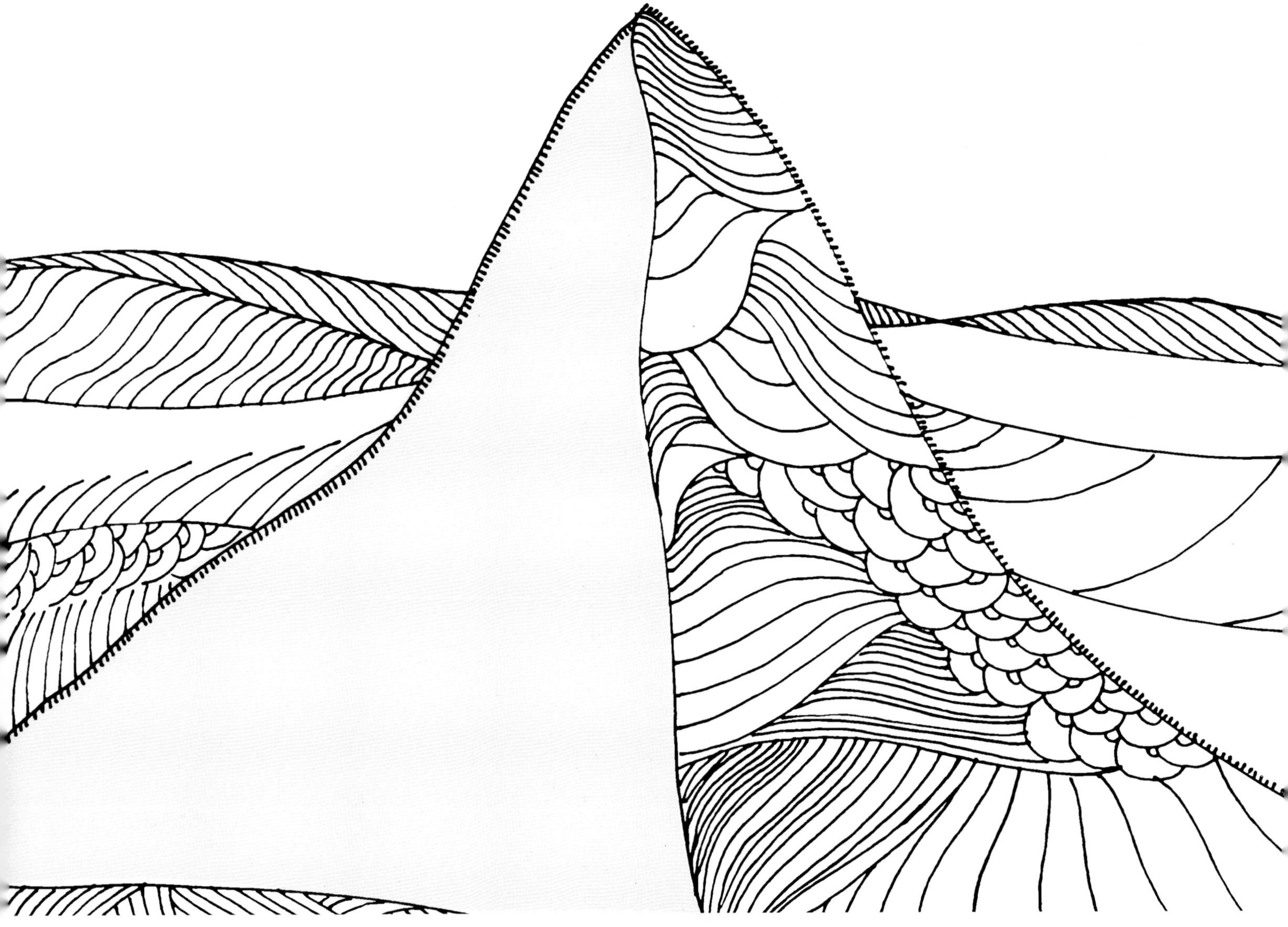

पहाड़

पहाड़ मुझे अच्छे लगते हैं
फिर चाहे मैं उसके शीर्ष पर होऊँ
या तलहटी पर
चाहे मैं कितना भी बड़ा बन जाऊँ
अथवा सामान्य रहूँ या क्षुद्र
तलहटी पर रहा तो
उसकी विशालता
मुझे मेरे अस्तित्व का अहसास देगी
और शीर्ष पर रहा तो भी
अहसास देगी गहराइयों का
सबको विशाल हृदय बना देते हैं पहाड़
ज़रूरत नहीं पड़ती आत्मावलोकन की पहाड़ों में
मौक़े-बेमौक़े हर शहरी को
जाना ही चाहिए पहाड़ों में
केवल गर्मी से दूर रहने के लिए नहीं
मद और घमंड से दूर रखने के लिए भी
वे चक्षुओं को विस्तार देंगे
जो थम जाते हैं शहर में
मेरी मानो तो निकलना बार-बार
जाने को शहर से पहाड़
और तब तब, जब जब
तुम्हें अपनी हस्ती बड़ी या छोटी लगने लगे

कविता यहाँ सुनें

वर्तमान में अतीत

फिर उसी राह पे चलना

और देखना परिवर्तन दशकों का

और पचा पाना सब कुछ

सही के साथ ग़लत भी

आसान नहीं होता

जिन रास्तों को तुमने जिया होता है

और रूह में महसूस किया होता है

गिने होते हैं फूल और काँटे

उसके क़दम-क़दम के बदले हालात

पचा पाना आसान नहीं होता

राह के उन मोड़ों पर

जहाँ फूल थे अब काँटे दिखें

और समझने लगो तुम रोज़मर्रा जाते

राही की व्यथा कथा

उसे पचा पाना आसान नहीं होता

जब देखने लगो अपने समय का ज़िंदा शहर

और अचानक सहम जाओ

याद करके बच्चों की किलकारियाँ

और जवाँ दिलों की धड़कनों की आवाज़

वीराना अब देखना आसान नहीं होता

देखो, अभी भी समय है, संभल जाओ

कुछ और करो कोशिशें पुरजोर

और दो पुनर्जीवन इस शहर को

जान लो, आशाओं के टूटने के बाद

फिर से शहर बसा पाना आसान नहीं होता

कविता यहाँ सुनें

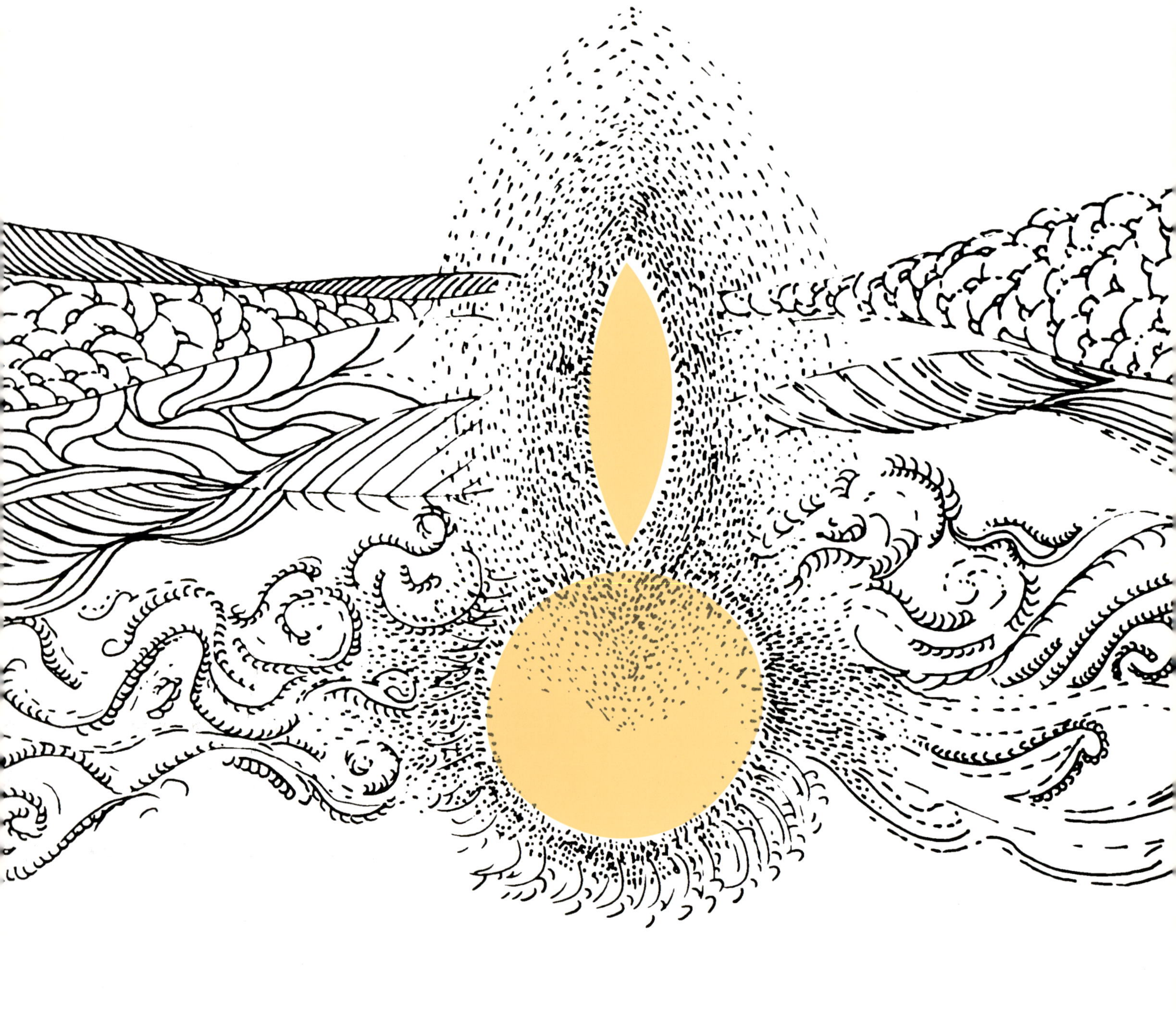

नीलकंठ शिव

वर्तमान परिप्रेक्ष्य में बहुत ज़रूरत है
शिव को बाहर नहीं अंदर खोजने की
और शिव के नीलकंठ रूप को जानने की
बेहिसाब भावनात्मक ज़हर के वातावरण में
संसार का कल्याण चाहते हो शिव बनना होगा
शिव की तरह तुमको भी ज़हर पीना होगा
बस उतरने न देना कंठ से नीचे उस ज़हर को
थामना और उतरने न देना दिल और दिमाग़ पर
तुम्हारे दिल और दिमाग़ से सोचे गए शब्द
काट देंगे उस घृणा और अलगाव के ज़हर को
और तब हर इंसान पा लेगा शिव स्वरूप
और दिन ढलने पर हर रात्रि होगी शिवरात्रि
इस कलियुग में नीलकंठ बनना होगा सबको
ताकि मानव और मानवता ज़िंदा रह सके
वर्ना दिखेगा भगवान शिव का संहारकर्ता रूप
अगर थामोगे नहीं ज़हर को अपने कंठ तक

होली और प्रकृति

होली के महीने के आते ही मनमयूर
सात सुरों को सप्तपर्णी वृक्षों में रोप कर
उसके श्वेत पुष्पों की भीनी सुगंध में भीगकर
लय मिलाकर प्रकृति की सरगम के साथ
बस यूँ ही बरबस नाचने लगता है
होली के रंगभरे महीने के आते ही
धरती की चादर में फूट पड़ते हों
अनगिनत रंग बिरंगे ग़ुब्बारे जैसे
बोगेनबेलिया की लताओं से फूटते
लाल, गुलाबी, सफ़ेद और पीत रंग

फिर अचानक खिलखिलाती प्रकृति
हँसती है कचनार के युग्मपत्रों से बीच से
गुलाबी रंग से सराबोर पिचकारी चलाती
और फिर पुलकित मन चहक उठता है
करने को आलिंगन प्रकृति प्रेमिका का
प्रेम के सुर्ख़ लाल रंग में रंगी चुनरी सी
गुलमोहर की मनमोहक घनी डालियाँ
और धरती पर फैली लाल फूलों की सेज
पास बुलाती अपनी शीतल घनी छाँव में
आमंत्रण देती हुई नवयौवन को बारम्बार

चहुँओर फैले चन्द्रप्रभा के पीतवर्ण पुष्पगुच्छ
बरबस याद दिलाते हैं मेरे पीताम्बरधारी की
और मेरी प्रकृति संतृप्त राधिका रूपी आत्मा
प्रफुल्लित हो चहक उठती है अटखेलियों को
कृष्ण-प्रकृति के आलिंगन में समा जाने के लिए

मैं समय हूँ

समय के द्वार के उस पार
यादों का एक बड़ा भंडार
मुझे पुकारता है बारम्बार
बताता प्रारब्ध का संसार
कहता मैं समय हूँ, मैं समय हूँ, मैं समय हूँ

जहाँ तुम भूल आए बचपन,
लड़कपन और जवानी को
धड़कते दिल और ख़ून की रवानी को
रिश्तों में तुम्हारे आज भी ठहरा हुआ हूँ
मैं समय हूँ, मैं समय हूँ, मैं समय हूँ

कविता यहाँ सुनें

तुम्हारे इश्क़ में इश्क़ की कशिश में
तुम्हारे दोस्तों में और निश्छल दोस्ती में
घर के पास के पीपल और बरगदों में
मैं ठहरा हुआ हूँ आज भी वहीं पर यूँ ही
मैं वही समय हूँ, मैं समय हूँ, मैं समय हूँ

मैं आज भी हूँ वहीं का वहीं ठहरा हुआ
आँगन फूलों के बीच उस शीतल बयार में
घर के पास की उस लाला की दुकान में
उड़ती पतंगों, माँझे और डोर की कमान में
मैं समय हूँ, मैं समय हूँ, मैं समय हूँ

मैं मिलूँगा आज भी घर की अलमारियों में
पुराने फ़ोटो फ़्रेम में बचपन की किताब में
मेरा ठहराव देखना है तो देखो माँ-पिता में
उनके अहसास में उनकी आस-श्वास में
मैं मिलूँगा आज भी ठहरा हुआ वहीं
मैं समय हूँ, मैं समय हूँ, मैं समय हूँ

ईश्वर बस इतना करना

ईश्वर बस इतना करना
कि भूत की ग़लतियों से सीखकर
परिवर्तन कर पाऊँ वर्तमान में और
सँवार पाऊँ भविष्य को

मेरे ईश्वर बस इतना करना
कि मुझे ऊँचाई नहीं विस्तार देना
ताकि जब आगे बढ़ूँ तो तनहा न रहूँ
उस धरातल पे और भी हों मेरे साथ खड़े

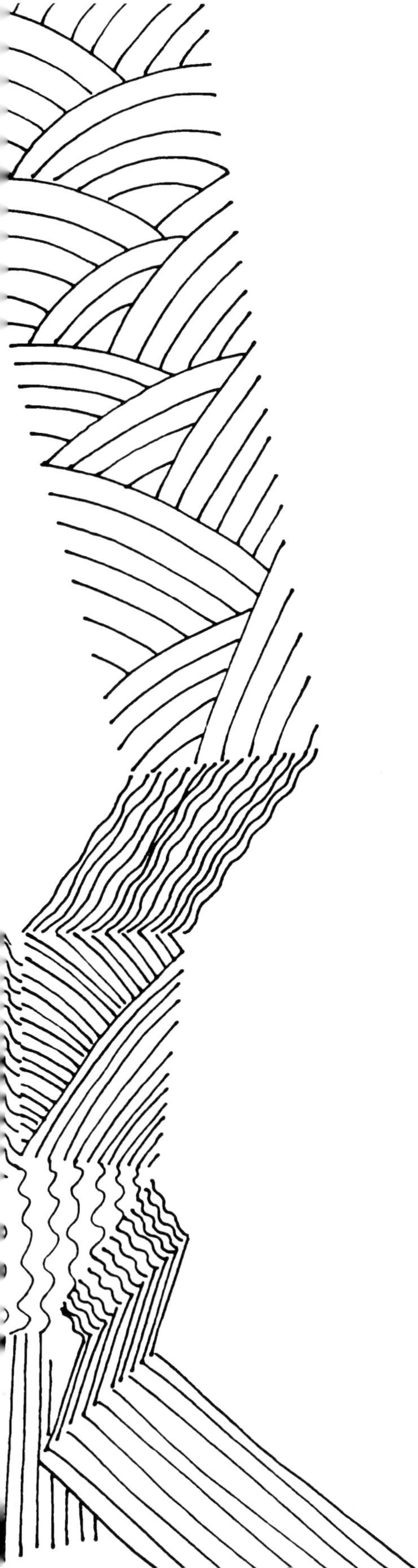

ऊँचाई और प्रदूषण

आकाश की ऊँचाइयों से

साफ़ दिखता है सूर्योदय और सूर्यास्त

सूर्योदय की लालिमा और

सूर्यास्त की गोधूलि भी

अपार क्षितिज और

असीमित गहरा नीला आसमान

प्रकृति और उसकी कलाएँ

साफ़ नज़र आती हैं यहाँ सबको

क्यूँकि ऊँचाई पर प्रदूषण नहीं होता

और जहाँ प्रदूषण नहीं होता

सब साफ़ नज़र आता है

कुछ ऐसी ही होती हैं

ज़मीन पर घटने वाली घटनाएँ भी

जिनका परिप्रेक्ष्य नज़र नहीं आता

ज़मीन पे ज़मीन से होने वाले

प्रदूषण के कारण

इसलिए जब भी प्रतिकार करो

किसी व्यक्ति और विचार पर विचार करो

ऊँचाई पर बैठ के सोचना

ऐसी ऊँचाई पर

जहाँ मानसिक प्रदूषण न हो

जीवन यज्ञ

गर्भ में उत्पन्न हुई जीवन ज्योत
आत्मा को देह में उतारकर
पृथ्वी में अवतरित होती है
और आरम्भ होता है जीवन यज्ञ
जिसमें प्रतिदिन हमारी साँसे आहूत होती हैं
और धीमी गति से जलती जीवन ज्वाला
आरंभ में बच्चे सी अठखेलियाँ करती हुयी
पूर्ण प्रज्ज्वलित होती है यौवन में
और कमोबेश ठहरी रहती है अधेड़ावस्था तक

फिर ज्वाला का आवेश धीमा होने लगता है
और फिर ढलने लगता है जरावस्था में
कम होती साँसों की गिनती के साथ
फिर ख़त्म होता है जीवन यज्ञ देहावसान पर
बुझती जीवन ज्वाला के साथ
और फिर शिव यज्ञ होता है देह का
पंचभूत में समा जाने को और फिर
आत्मा निकल पड़ती है नयी यात्रा को
किसी और नयी देह में समा जाने को
कि जहाँ अभी नयी जीवन ज्योत जलनी है
और प्रारंभ होना है नया जीवन यज्ञ

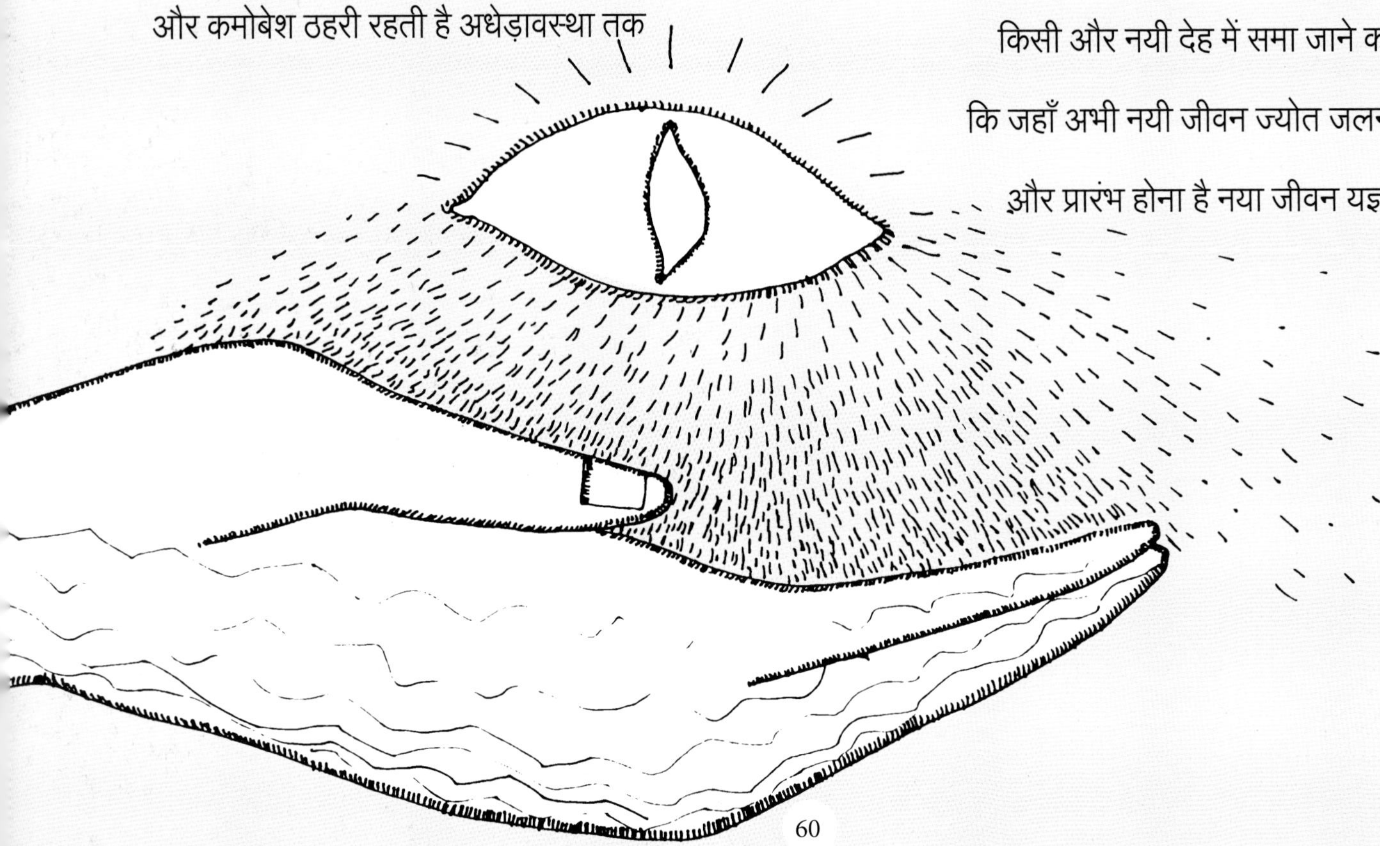

झाम्यवाद

दुधारू गाय रूपी किसान पर नज़र गड़ाकर
पूरे गाँव के काम आती उस गाय को चुराकर
चुपचाप जंगल में हथोड़ा बजाते खूँटे से बांधते हैं
फिर हंसिए से उसी के खेत का चारा काटकर
उसी को खिलाते कुछ अनैतिक स्वार्थी लोग
उस गाय के थनों पर रात को चुपचाप आकर

कल दुहने को झाम्यवादी ओक़्सीटोसिन लगाते हैं
और अगले दिन दूध दुहने को फिर उठाकर लाते हैं
सालों पुराना भूसा भरा उसका मरा हुआ बछड़ा
और भरते रहते हैं अपना बड़ा सा दूध का डोला
और चल देते हैं दूधिया बन के बेचने चारों ओर
बनाके शुद्ध को ओक़्सीटोसिन वाला ज़हरीला दूध

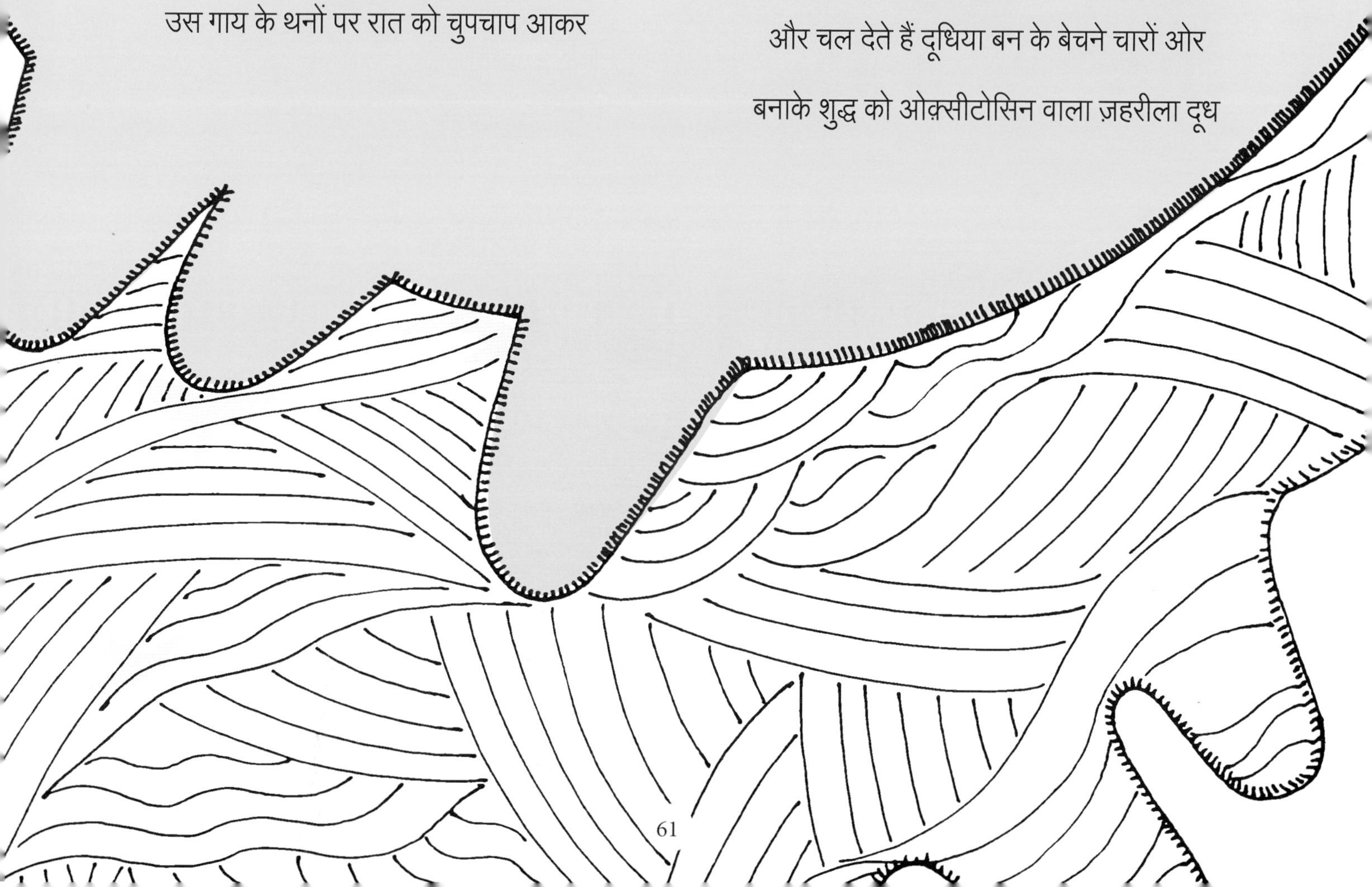

सबके पथशूलों की आह

सबके पथशूलों की आह
उस तक पहुँच जाती है यूँ
चाहे हों हम देह अगणित
एक दिल एक जान हों
जैसे हम सब एक तिरंगा
कपड़ा हों धागे कई
तानों बानों में लिपट के
डटा हर रेशा वहीं

उस तिरंगे को उठाकर
शान से झंडा बनाकर
चल रहा है शेर सा वो
देश का गौरव बढ़ाकर

लाख दुर्गम हो डगर पर
हारता बिल्कुल नहीं
गर कष्ट में हों देशवासी
रक्षा वचन देता वहीं

और कभी लाता बचा के
बच्चे कोविड से वुहान से
चुनाव होते तुम झगड़ते
जात पात के गुमान से

फिर कभी देता है छेड़
मन की वीणा के वो तार
काबुल से लाता उठा जब
बिन धर्मभेद मानव अपार

बस यूँ ही तू जीता रहे और
और दे देश को दिशा नई
नवभारत के नवनिर्माण को
यूँ ही जननेता रहे वर्षों कई

ऊँचाइयों के प्रलोभन

रात में

ऊँचाइयों से

कुबेर के ख़ज़ाने सी

लगती है दिल्ली

फिर उड़ान से

लगने लगती है थकान

ज़मीन पे तुरत उतरने की चाह में

कुबेर के ख़ज़ाने को पा लेने को

और इस तरह धोखे में

हर ऊँचाई पर उड़ता मसीहा

कहीं गिर जाता है

उस ख़ज़ाने की चाह में

कविता यहाँ सुनें

माएँ बदल जाती हैं

माएँ बड़ी हो जाती हैं तो
बहुत बदल जाती हैं
जो कभी ग़ुस्सा करती थीं
और डाँट डपट भी देती थीं
हमारे खिलौने बिखराने पर
और बचपन की शरारतों पर
अब निहारती हैं जब-तब
अलमारियों में सहेज के रखे
हमारे सारे सही-ख़राब खिलौने
जो सम्हाल के रखे होते हैं उन्होंने
घर में आने वाले छोटे बच्चों की ख़ातिर
अब उनके आने पर ख़ुद ही फैला देती हैं
सारे के सारे खिलौने फ़र्श पर
उन बच्चों के आने पर
और फिर आनंदित होती हैं

देखकर उन बच्चों की अठखेलियाँ
और हमारी जैसी बचकानी शरारतें
अब उन्हें बिल्कुल परहेज़ नहीं है
खिलौनों के फेंके या तोड़े जाने से
सोफ़ों या बिस्तरों के ऊपर कूदे जाने से
कहीं पानी तो कहीं खाना गिर जाने से
क्यूँकि वो याद करती हैं हमारा बचपन
देखकर उन छोटे छोटे बच्चों को
माएँ तो बस माएँ होती हैं
ममता और प्यार का अथाह सागर
बस थोड़ा बदल जाती हैं माएँ
हमारे बड़े हो जाने के बाद

ख़्वाब

ख़्वाब जब तक ख़्वाब थे नज़दीकियाँ थीं,

बन गए जो फिर हक़ीक़त बस दूरियाँ थीं

बावक़्त समझ ना पाए गर तो क्या हुआ,

हर क़दम पे अब तो बस दुश्वारियाँ थीं

उड़ चला है मेरा परिंदा मगरिब की जानिब,

माफ़ करना मुझको जो गुस्तख़ियाँ थीं

कविता यहाँ सुनें

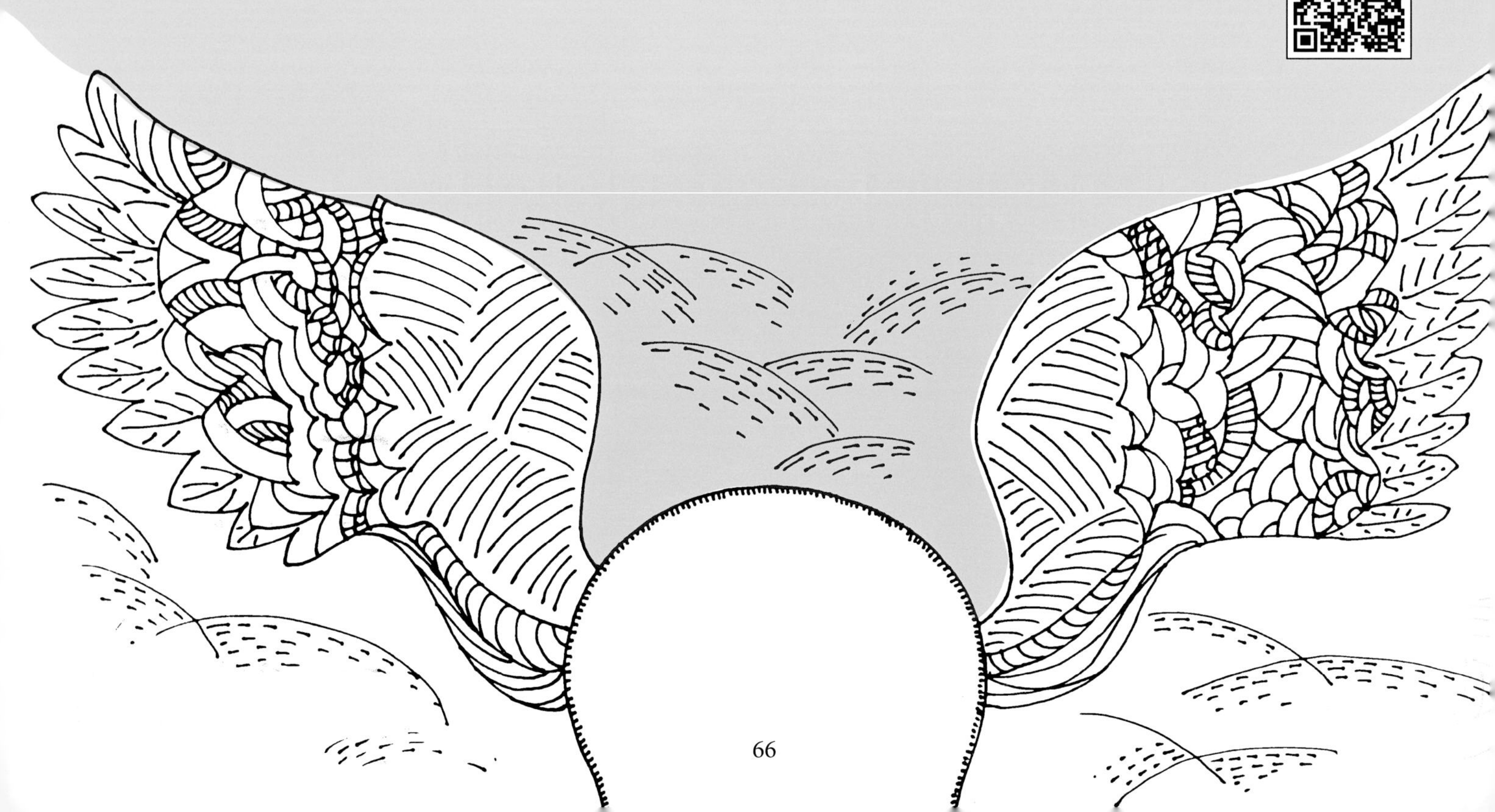

कुछ दशरथ सी व्याकुलता

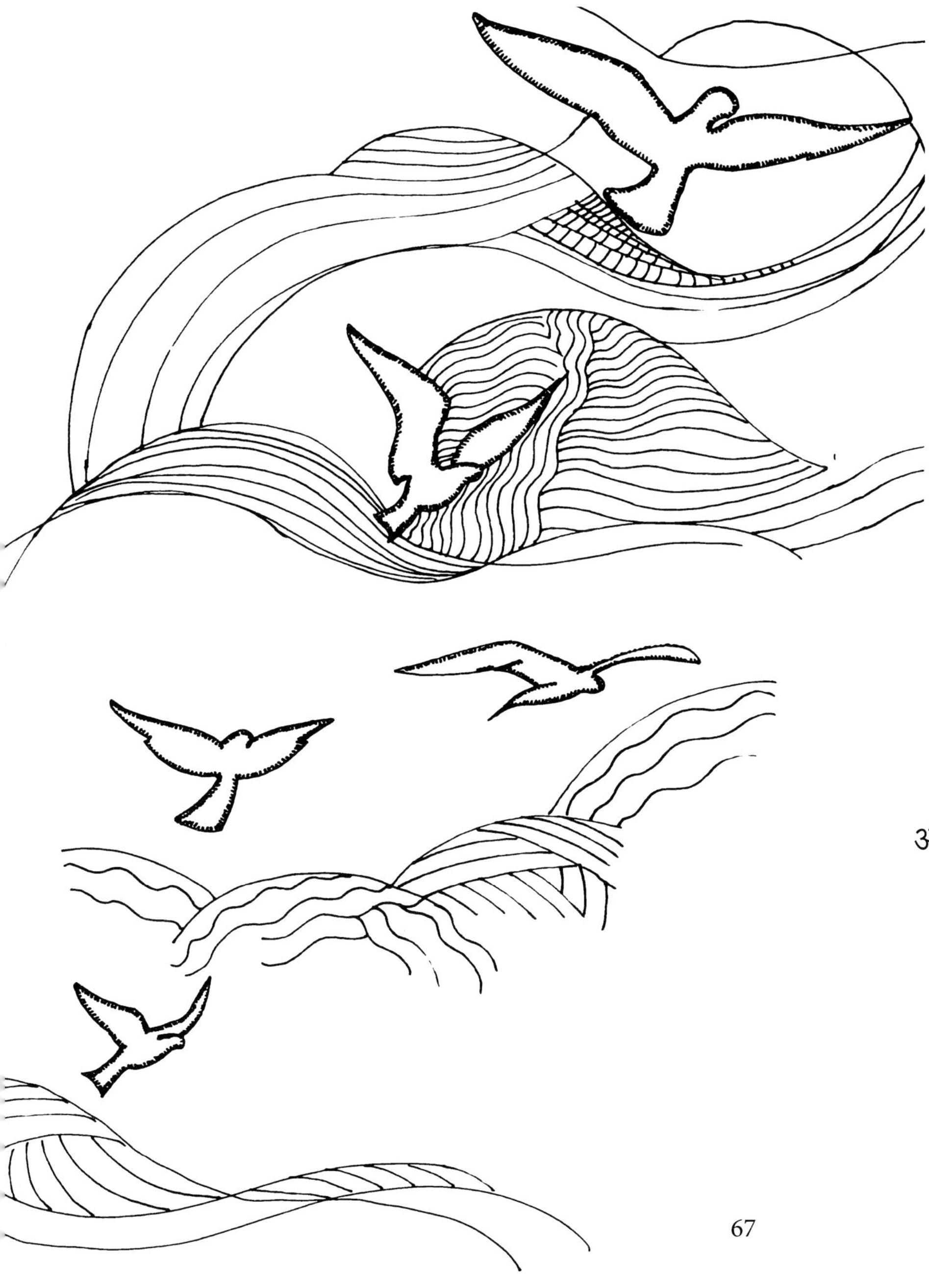

कुछ दशरथ सी व्याकुलता
बीस इंच के नवजात शिशु से
पंख पसारने कर उड़ने को तैयार
मद्धम क़द काठी का नवजवान
कुछ मुझसा कुछ माँ सा लगता
कल घर रूपी घोंसले से कूदने वाला है
और उड़ने वाला है अपने पंखों से
नापने को क्षितिज का पूरा फैलाव
या छूने को आसमान की ऊँचाइयाँ
प्रभु रखना वरदहस्त उस पर
तुमने हौसला दिया अब ताक़त देना
पहली उड़ान में पंख फड़फड़ाने की
और छू लेने की आकाश की अनंत ऊँचाइयाँ

कविता यहाँ सुनें

जय श्री राम

कुछ आह्लादित कुछ आकुल सा
साथ ख़ुशी के व्याकुल सा
चिंताओं की गठरी बांधे
दौड़ रहा कुछ घायल सा
दिल के एक किनारे पर
बड़ी टीस है मची हुई
साथ ख़ुशी के सहमी सहमी
एक कसक सी लगी हुई
लंबे अरसे से ना देखा
पौधा कैसे पेड़ हुआ
कैसे उसके पंख उगे और
कैसे वो फिर बड़ा हुआ

मारामारी में कामकाज के
भूल गया था घर को मैं
अब उड़ने का दिन आया जब
कोस रहा हूँ ख़ुद को मैं
सोचा फिर है शांत भाव से
समझी ईश्वर की लीला
बिन माँगे सब कुछ दे
किया अजब उसने खेला
नतमस्तक हूँ निर्णय पर तेरे
देव देव मैं करता हूँ
जय श्री राम तेरे चरणों में
कोटि नमन मैं करता हूँ

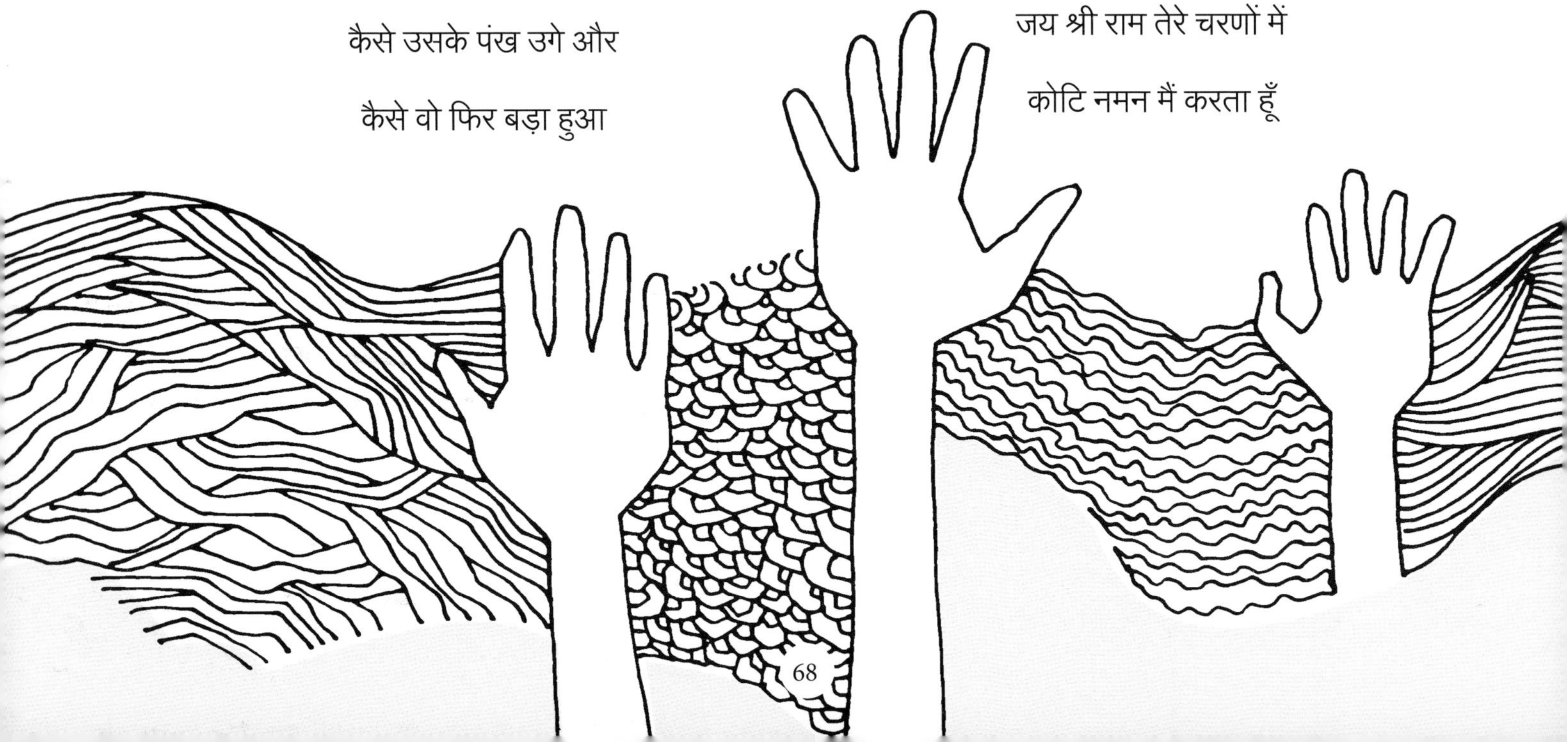

मेरी टीस

ढूँढता फिरता तुझे मैं
कमरे में तेरे कुर्सियों में
बिस्तरे और उसकी सल्वटों में
पढ़ने की तेरी टेबलों में
छोड़ी हुई टीशर्ट और जींस में
और उस लाल रंगी गिटार में
छोड़ कर आया अभी ही
अड्डे में उड़नजहाज़ों के
और फिर ढूँढता हूँ तुझे
जहाज़ों पे लगाए आँख
कुछ फ़्लाइट रडारों में
सोचता हूँ अब
मेरी बाहों में आएगा कब
उतरा तू विदेशी जमीं पर जब
और हुआ है दूर मुझसे जब
पता ही नहीं चला मुझे कब
समंदर सात बीच आए जब
टीस सी उठती है दिल में अब
इक बार बाहों में भर लेता तब

कविता यहाँ सुनें

ना जाने क्यूँ

जहाज़ की हर उड़ान
उड़ने के पहले बस जैसा चलना
और फिर रुकना कुछ क्षणों के लिए
उड़नपट्टी पर पहुँचते ही
और फिर इंजन का पूरी ताक़त लगा देना
और फिर सरपट दौड़ना उड़नपट्टी पर
और दबा देना हवा को भी यूँ
और उड़ जाना हवा के ऊपर
घने नीले आसमाँ पे
ऐसा लगता है
जैसे कोई बच्चा गुजर रहा हो
ज़िंदगी की राह पर

पा ली हो ज़मीनी शिक्षा
ज़मीन पर चलने के लिए
लेकिन अचानक हौसलों ने
ठिठक के रोका हो उसे कुछ क्षण के लिए
और फिर उसने देखा हो आसमान
और जुटा लिया हो सम्पूर्ण हौसला
सुदूर आकाश में उड़ने के लिए
और आत्मविश्वास के इंजन को
सम्पूर्ण वेग से चलाकर
दौड़ गया हो ज़िंदगी की राह को
सफलता की उड़नपट्टी बनाकर
दबाकर समस्त कठिनाइयों रूपी हवा को
और उड़ चला हो सफलता के आकाश में

आकुल

दिवस भर आकुल रहा मैं
रात्रि भर सोया नहीं हूँ
आस मिलन की टूटने का
ग़म अभी खोया नहीं हूँ
अब हो रहा है दर्द ऐसा
ज्यूँ आँख में कंकर चुभा हो
मिलन में कैसे रखूँ बंद आँखें

निकलना ख़ून का भूला नहीं हूँ
अब रात जाती है तो जाए
चाहे दिवस व्याकुल बनाए
खुली आँखों में सजाए स्वप्न
किंचित मात्र को भूला नहीं हूँ
प्रलय आती है तो आए
चाहे घेर लें काली घटाएँ

आकाश का सीना चीरना
मैं अभी तक भूला नहीं हूँ
छेड़ मत अब मुझे रोक मत
आस मिलन की तोड़ मत
शिव-रंध्र का भय तू रख
तीसरा नेत्र अभी खोला नहीं हूँ

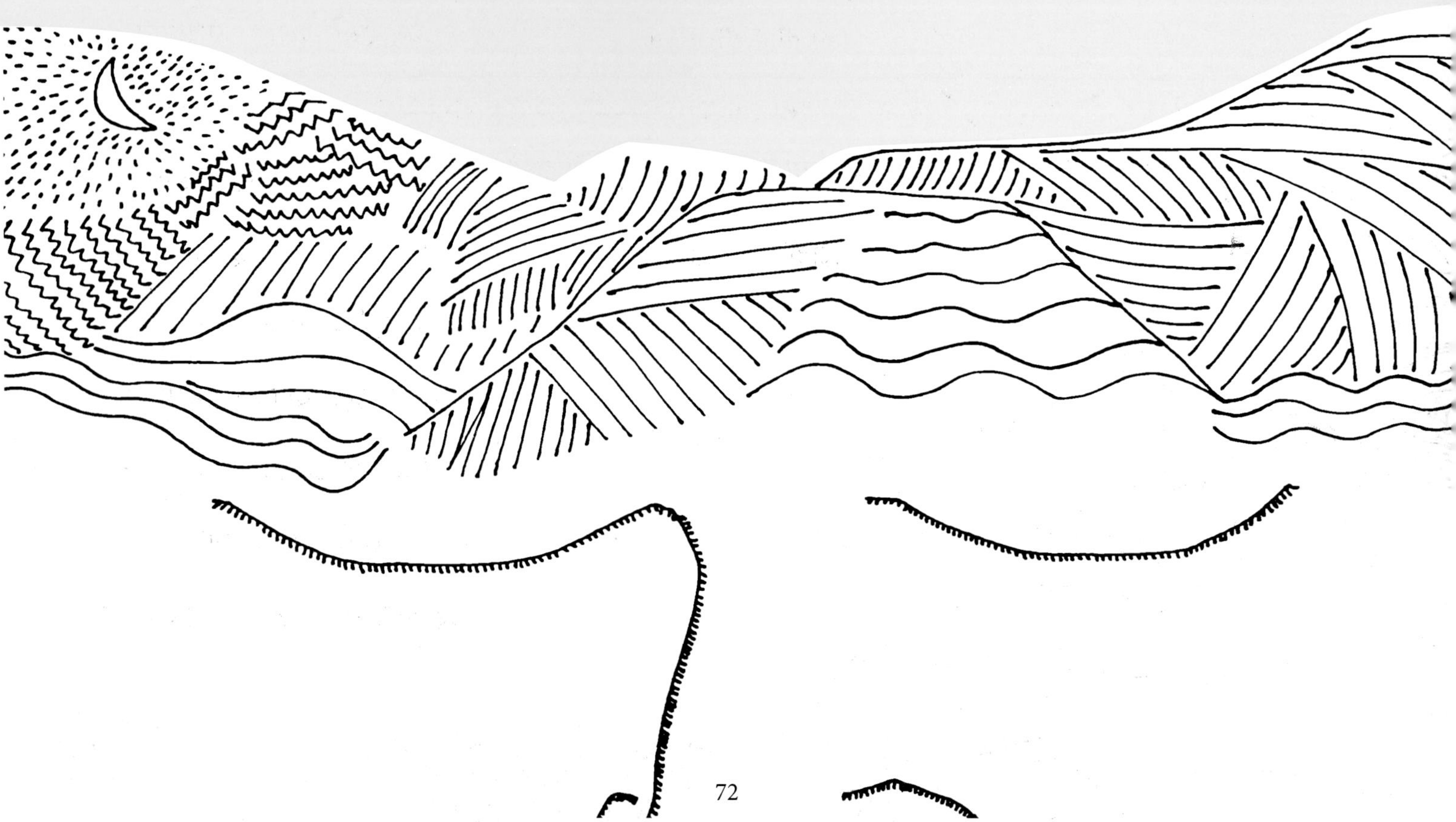

अहसास

तेज़ हवाएँ सौंधी ख़ुशबू
बारिश का मदमस्त समां
एक समंदर मेरे अंदर
बाहिर तूफ़ां तूफ़ां है

किसी ने कुछ कुछ किया तो होगा
किसी ने मेघ बुलाए तो होंगे
आई पुरवा मेरे गाँव में
मेघ मल्हार किसी ने गाए तो होंगे

इश्क़ हुआ है सुर तालों में
मेरे गाँव के कोनों कोनों में
अहसास की तेज़ हवाओं ने
अरमान के तूफ़ां लाए तो होंगे

बहकाती सी तेज़ हवाएँ
गीत पुराने गाती होंगी
तपती धरती को पानी दे
सबकी प्यास बुझाती होंगी

कविता यहाँ सुनें

मैं मज़दूर नहीं हौसला हूँ

देखी मैंने जमीं पे चलते मज़दूर के हौसलों की उड़ान
मजबूरी, बीमारी भूख और प्यास बस शब्द से लगते हैं
चले चलते हैं ये चिपके पेट, कमजोर से दिखते पुतले
ठान लेते हैं तो पल भर में पूरी धरती नाप लेते हैं
जमाने भर की जीवट की गठरी निर्भाव चेहरे पर रखे
ये वो हैं जो क़दमों पे मीलों को झुका के रखते हैं

चले चलते हैं ये आस की फ़ेर्रारी की सवारी करते
ये हवा से भोजन और पानी से ईंधन बना लेते हैं
ये ग़रीब मज़दूर नहीं प्रभु विष्णु के वामन अवतारी हैं
जो सिर्फ़ एक क़दम से पूरी धरती को नाप लेते हैं
ना जाने किस राजा बाली से ये वामन अब भिक्षा लेंगे
तीन पग भूदान के वचन पे नामालूम फिर क्या होगा

कविता यहाँ सुनें

पूछते हैं इम्तिहान देने को

उनसे पूछते हैं आप अक्सर इम्तिहान देने को,
जो आपातकाल में अपना बचपन लुटा आए
मालूम तुमको है सब ख़ुशी में साथ देते हैं,
बताओ उन बच्चों का बचपन अब कौन लाए
बड़ी गुरबत में बीते उनके दिन महीने साल,
हेतु हित राष्ट्र के न की उफ़, ज़िंदगी गुमनाम जी आए
परवाह किसको थी बचपन की, कूदे सीधे जवानी में,
झुके ना ज़ुल्मतों के दौर में, हर चुनौती जीत के आए
उन्हें तुम बताओगे गुरु दक्षिणा कहते किसको हैं?
जो गुरु दक्षिणा में ख़ुद पूरा बचपन ही दे आए
हा! हमें हर दिन गुमां था बाज इतने ज़ुल्मतों के,
वही अब साथ देंगे, हेतु ख़ुद सब साध ले आए

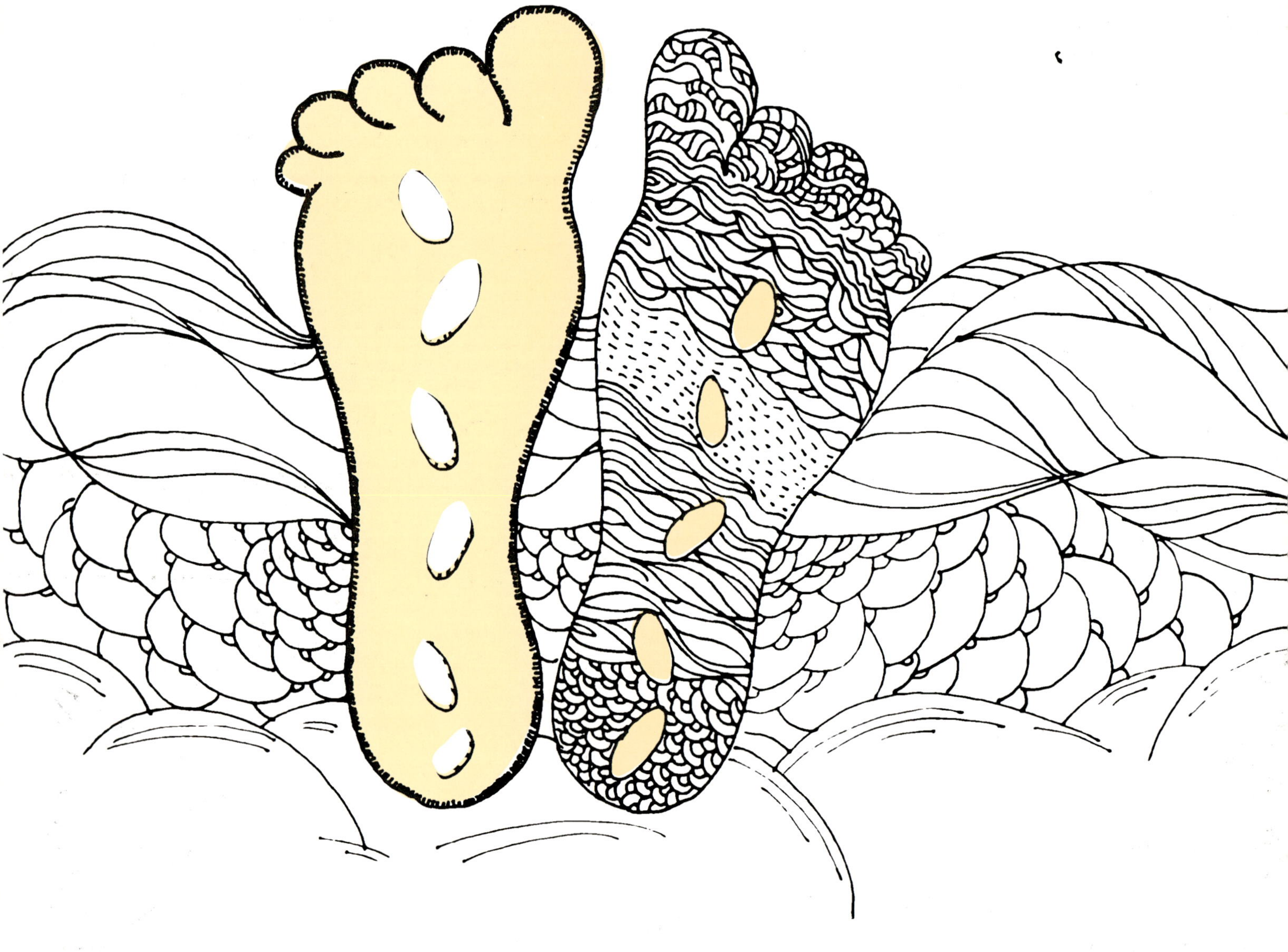

जत्थे बेबस काँवरियों के

देखता हूँ अनजान मंजिल के राही का अग्निपथ
दूर क्षितिज के एक छोर से दूसरे अंतिम छोर तक
प्यासे अधरों और भूखे जीवट की लंबी क़तार में
बेक़ाबू जठराग्नि के ईंधन से चलता जीवन वृक्ष
याद आता है सावन में काँवरियों का लंबा कारवाँ
संहारकर्ता शिव के भय से उपजी भक्ति में मस्त
देखी है काँवरियों को भोजन का आह्वान करती पाकशाला
और सड़क पर मीठे शर्बत का प्रबंध करते असंख्य भक्त
आज फिर दौड़ाओ अपनी नज़र इन मज़दूरों के जत्थों पर
दिखाई देगा वही संहारकर्ता का भय और उपजेगा प्रेम
फिर से आह्वान करो अपनी पाकशालाओं का नियमपूर्वक
लाओ नई शिव भक्ति और पिलाओ मीठा शर्बत नए काँवरियों को

मेरा हुक्मनामा

दुःखी क्यूँ हो रहे हो
हुक्मनामा सुनके मेरा
परीशां हो रहा है
गर मेरा अहले वतन तो
बतानी होगी हर हवा को
सिम्त और रफ़्तार अपनी
कहीं वो आँधियों को ले न आएँ
नुक़सान अब अहले वतन का
ना मैं सह सकूँगा
रोक सका, रोक लूँगा
हरेक तूफ़ां और बवंडर
नुक़सान अब अहले वतन का
ना मैं सह सकूँगा
नामुमकिन मेरे लिए कुछ भी नहीं
गर चाह लूँ तो
क्या हवाएँ दरिया क्या और क्या समंदर
रोक लूँगा इनको मैं इनकी जगह पे
क़ुदरत का इल्मे तिबियत जानता हूँ

हाँ मेरा ये हुक्म है
दरिया की लहरें बेहतर है
कि ख़ुद ही सरकशी काम कर लें
उछलना है तो उछलो
रोक भी कोई नहीं है
शर्त ये है बस कि
जब भी उछलो ध्यान रखो
उछलने से तुम्हारे
अहले वतन को नुक़सान ना हो
वगरना बंद कर दूँगा
तुम्हें तुम्हारी ही जदों में
हाकिम कहो या बोलो जर्रा
मैं तुम्हें जाने न दूँगा
बाहर जद से तब तुम्हारी
बांध लूँगा तुमको मैं
और फिर रास्ता दूँगा
उतना ही कि जितना
ठीक होगा अहले वतन को
खींच लूँगा दरिया से फिर
बिजली भी पानी भी
और फिर भेज दूँगा इसको
अहले वतन के बाबत भी
कि फसलें लहलहाएँगी

उसी दरिया के पानी से
कि रोशन हो सकेगी
मुफ़लिसी गरीब के झोपड़ की
हाँ मेरा ये हुक्म है कि
इस गुलसिताँ में
एकरंगी फूल होंगे
और मैं ये भी बता दूँ
होंगे सब के सब तिरंगे
और दूजे रंग
ना अब बर्दाश्त होंगे
रंग की इल्मे तिबियत जानता हूँ
जानता हूँ हर रंग में छिपकर
सौ रंग रहते हैं
जो बागबां इसको बपौती समझते आ रहे थे
वो अब कितने बेजुबां और कितने तंग रहते हैं
सुन लो ऐ ख़ुदगर्ज़ और ख़ुदमुख्तार रहबर और
याद रक्खो
अब हवाओं और दरिया को
मेरा हुक्म सुनना ही होगा
तकलीफ ना हो
मेरे किसी अहले वतन को
हवाओं और दरियाओं को
अपनी जद में रहना ही होगा

अटल

छोड़कर छाप अटल
हम सबके मस्तिष्क पटल पर
चला गया प्रशांति पथ पर
रखकर अंगद पैर
काल के कराल भाल पर

सरस्वती का पुत्र वो
संत राजनीति का
अरि-हीन, अजातशत्रु
स्वयंवर कर शाश्वत को
सन्मार्ग वो बता गया, चला गया

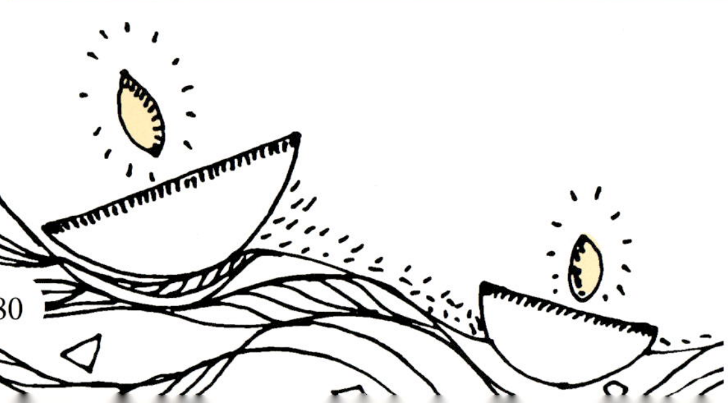

तप के ताप से संत्रास हरता

मौन की वाणी, बधिर के श्रवण जैसा

कल्पना की राजनीति कहूँ या

राजनीति की कल्पना करता हुआ

मृत्यु से ठानकर चला गया

उदारमना की वह हंसी "निश्छल"

और हर शब्द की निःशब्दता

जानता हूँ कल्पना भी कठिन है

सच कहूँ वो आज भी भूले न भूले

अर्थपूर्ण ग्रीवा का संवेग चलना

चाहता हूँ लिखता रहूँ सम्पूर्ण रात्रि भर

सुनता रहूँ तुझको समय के भूतकाल में

वर्तमान के भाल में इस समय लिखता हुआ

इसे नई रार मानकर विवश हुआ जाता हूँ

लेखनी को विश्राम देकर शांति गीत गाता हूँ

कविता यहाँ सुनें

बागबाँ

कोई राहगीर नहीं देखा मैंने जमाने तलक
उस विशाल पेड़ के तले मौसम ए पतझर में
देखा तो बस एक जुनूनी माली हरदम तब भी
पेड़ के चारों ओर मिट्टी का घेरा बनाकर पानी देते
बसंत बहार की आस में कि पत्ते फिर लहलहाएँगे
कि मौसम फूलों का आएगा कि हम भी गुनगुनाएँगे
मालूम सबको था मीठे फल लगते हैं इस दरख़्त में
बेग़ैरतों से घिरा था बागबाँ भी बहुत कुछ जानता था
हर शख्स के हाथों के पत्थर भी वो पहचानता था
वो दिन भी आए उस दरख़्त में मीठे फल भी आए थे
किसी ने पहले तो किसी ने बाद में पत्थर चलाए थे
किसी ने कच्चे किसी ने पके मीठे फल भी खाए थे

बेचारे बागबाँ की अब कौन सुनता कौन सहता था
जिसने पेड़ पर पानी दिया मिट्टी के घेरे बनाए थे
रिश्ते से वो तो बागबाँ था दर्द पेड़ का जानता था
बचाने बेग़ैरतों के पत्थरों से पेड़ से लिपटा रहा था
क्या देखे किसी ने बागबाँ के गलते रिसते घाव भी
या सब बेग़ैरत थे और उस दरख़्त को ताके हुए थे
न डर भगवान का उनको न ख़ुदा के कुफ़्र का भय था
सब इन्हें इंसान कहते थे मुझे अब इसमें संशय था

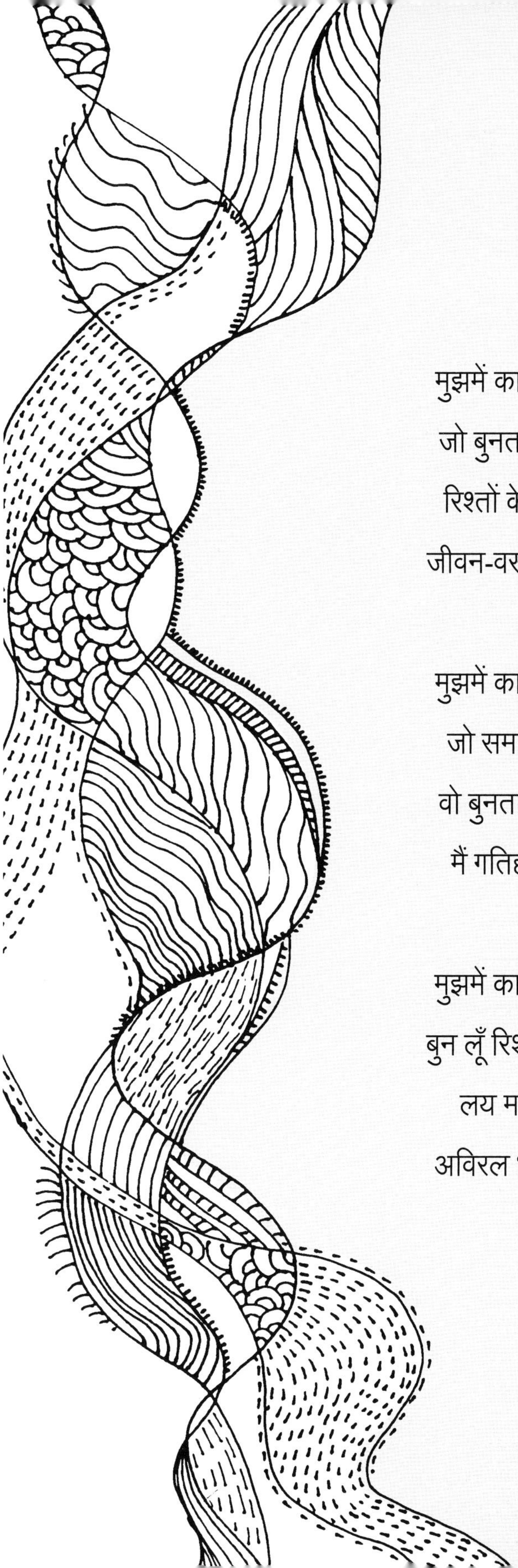

मुझमें काबिलियत कहाँ जुलाहे सी

मुझमें काबिलियत कहाँ जुलाहे सी
जो बुनता बिन गाँठ गिरह बुंतर के
रिश्तों के ताने-बाने में फंसकर मैं
जीवन-वसन में गाँठ लगाता जाता हूँ

मुझमें काबिलियत कहाँ जुलाहे सी
जो समझूँ रिश्तों का ताना-बाना
वो बुनता वस्त्र अजब सी मस्ती में
मैं गतिहीन सा ख़ुद को पाता हूँ

मुझमें काबिलियत कहाँ जुलाहे सी
बुन लूँ रिश्ते बिन गाँठ गिरह बुंतर के
लय मय आँखें लयबद्ध शरीर
अविरल भुजलय की बलि जाता हूँ

मुझमें काबिलियत कहाँ जुलाहे सी
जो बिन गाँठ बुनूँ वसन जीवन
वो दिव्य कला से जोड़ता धागा
मैं चकित गाँठ खोजता जाता हूँ

विस्मित सा बस देख रहा हूँ
निपट जुल्लाहे की दिव्य कला
सोच रहा हूँ निपट कौन है
मैं, तुम या फिर अपढ़ जुल्लाहा

सोच रहा तरकीब सीख लूँ
जीवन-वसन मधुर बुनने की
सिखा मुझे भी दिव्य कला गुरूदेव जुलाहे
बिन गाँठ गिरह मधुर जीवन जीने की

कविता यहाँ सुनें

बताओ, क्या पारिश्रमिक दोगे??

आज मैंने सोचा कि पूरी ज़िंदगी
घर को देने वाली और अपना घर छोड़
दूसरे घर को बस यूँ ही अपना बना लेने वाली
और अपने आप को खर्च कर देने वाली
उस निष्काम निस्वार्थ देवी "गृहिणी" को
समर्पित करूँ भाव इस श्रम दिवस पर

बच्चों को पैदा कर उनको बड़ा करने वाली
और जब वो युवावस्था में आएँ
तो उनके आक्रामक अन्दाज़ को झेलती माँ
और फिर सारा दर्द अपने अंदर छुपा लेने वाली
और पति और परिवार के लिए निस्वार्थ समर्पित
उस गृहिणी को समर्पित करूँ ये श्रम दिवस

अपने पति और ससुराल के उलाहने सुनकर भी
कभी शांत भाव से और कभी बड़बड़ाते
अपने सारे के सारे दर्द और थकान भुलाती
बस चौबीसों घंटे बिना शनि - रविवार की सोचे
और बिना पारिश्रमिक अपनी पूरी ज़िंदगी दे देने वाली
उस निष्काम गृहिणी को समर्पित करूँ ये श्रम दिवस

सोचता हूँ, कभी आ गया नया विधान
और यदि माँगा गया हिसाब
समस्त गृहिणियों के पारिश्रमिक का
मैं जानता हूँ सारे देश और दुनिया दब जाएगी उनके ऋण तले पूरी तरह और
नहीं चुका पाएगी ऋण इस धरती की उम्र तक भी

चालीस के पार

जब उम्र चालीस पार होने लगती है
पुरुष का पौरुष और
नारी का सौंदर्य ढलने लगता है
तब दोनों ही वास्तविकता से भागने की कोशिश में
अर्थहीन अंतर्द्वंद्वों में झूलने लगते हैं
और जिलाने लगते हैं
अनेकानेक दुर्गुणों के दायरे
तुम आने न देना अपने अंदर इन कौरवों को
जीवन को महाभारत का कुरुक्षेत्र बनाने को
निकाल बाहर करना इन्हें
और जीना जीवन सनातनी रास्ते पर
जहाँ तर्क और विज्ञान प्रधान है और जहाँ
जीवन के चार मील के पत्थर रखे हैं
ब्रह्मचर्य, गृहस्थ, वानप्रस्थ और संन्यास रूप में
जो मन और शरीर विज्ञान के अमृत कलश हैं
ज़रूर सोचिएगा आज
जीवन-संतोष से उपजी आत्मिक प्रशांति के बारे में
जो शायद बहुत ऊपर है
सभी सांसारिक ज़रूरतों और प्रवृत्तियों से
इसीलिए जब आप चालीस पार जाओ तो
मन और शरीर की गति सँभालो
और हटाओ सभी दुर्गुण रूपी कौरवों को
जो आने लगते हैं चालीस पार होते होते

ये कैसा समाज बन रहा है

मेरे पुरखों का सींचा हुआ विशालकाय
एकात्म मानव वट वृक्ष कुम्हला रहा है
और नई निकलती कोपलें
अहं के लार्वा की भूख शांत करती हुई

मैं देख सकता हूँ मेरे इस गाँव में
वो एकात्म मानव वट वृक्ष मर रहा है
जो मेरी पुरातन संस्कृति की पहचान था
वो एकात्म मानव वट वृक्ष मर रहा है

एकात्म मानव यानी सम्पूर्ण मानव
जो उदार चरित था, और था
वसुधैव कुटुम्बकम का प्रणेता
कहाँ गया वो एकात्म मानव

जो ब्रह्मचर्य का समाज का ऋण
गृहस्थ और वानप्रस्थ में चुकाता था
अस्तित्व बनाया जिस समाज ने
दो गुन कर के दे आता था

स्वार्थ में मानव डूब गया अब
सब सामूहिक हो के एकाकी है
देने को कहा ख़ुदगर्ज समाज से
ली समयाभाव की बैसाखी है
समय का रोना रोता है
कर्तव्य पथ से हटता है
जाग मेरे देश जाग
"निश्छल" बस ये तुमसे कहता है

देख सुनाऊँ आज तुझे मैं
बात गहन इस जीवन की
टंकी भर ईंधन होने पर भी
तय सीमित दूरी वाहन की
गर दूर है फिर भी राह-ए-मंज़िल
तो फिर से ईंधन भरना होगा
और अगर न पाए ईंधन
बीच राह रुकना होगा

राह अगर पाना चाहे तो
समाधान बतलाता हूँ
ज़्यादा ईंधन रख वाहन में, या फिर
ईंधन भरने की जगह बताता हूँ

बात अगर मेरी मानी तो
मंज़िल अपनी पा जाएगा
गर भूल गया इन बातों को
बे राह खड़ा रह जाएगा

याद रहे गर इस समाज का
दोहन और दोहन ही होगा
नहीं रहेगा गतिशील समाज और
मानवता का हनन होगा

लार्वा अहं का बढ़ते-बढ़ते
विष वमन कीट बन जाएगा
देखो बस फिर क्षुद्र समय में
वृक्ष सकल मुरझाएगा

बाट जोहते रहना सब कि
फिर इक नया प्रणेता आएगा
ठहरे समाज को गति देने क्या
ऊपर से सर्वशक्तिमान आएगा ???

डर खोता जा रहा हूँ

देखता हूँ नीला आसमान
और डर खोता जा रहा हूँ

पर्वतों के कारवां पर है नज़र अपनी
बर्फ के विस्तार पर भी है नज़र अपनी
दिख रही मुझको ये चट्टानें विशाल
और एक सर्वोच्च पीतवर्ण कराल भाल

देखता हूँ फिर वही शिखर विशाल
और डर खोता जा रहा हूँ

दिल कह रहा मुझसे कि इस वादी में घूम
देख-सुन क्या कह रहे पर्वत ये झूम
कलकल करती व्यास का कोलाहल भी सुन
क्या कह रहे कलरव करते ये पक्षी भी सुन

सुन रहा मैं ये कलरव प्रशांत
और डर खोता जा रहा हूँ

हाँ मानता है दिल ये वादी है सुरम्य
फिर भी सर्वस के लिए नहीं ये सुगम्य
देखता हूँ भोजपत्र के जंगल विशाल
और श्रंखला में खड़े विशाल देवदार

स्पर्श करती मुझको ये शीतल बयार
और डर खोता जा रहा हूँ

सूरज कहता सा लगे मुझको भी देख
बादल किया अपने से अलग, देख !
तू कविता लिखे, बस, देख इतना चाहता हूँ
बूंद है, मोती बनाना चाहता हूँ।

सूरज है दे रहा अनवरत ताप
और डर खोता जा रहा हूँ

मधुमक्खियाँ सुना रही हैं मधुर गान
कह रहीं आ साथ आ झूम नाच
याद आ रहा मुझको प्रियतम है आज
चेतना जाग्रत करता मधु का ये साज

मौन का सुन रहा हूँ मधुर गान
और डर खोता जा रहा हूँ

काश होता आज मैं प्रियतम के साथ
नाचते औ झूमते हम साथ-साथ
उफ़ क्यूँ सोचता हूँ, शायद दीवानापन है ये ,
मुझको क्या, गर पागलपन भी हो ये

सोचता हूँ प्रिय तेरे बारे में आज
और डर खोता जा रहा हूँ

अंग्रेजों का कामनवेल्थ

मैं कामनवेल्थ हूँ
अंग्रेजों का कामनवेल्थ
अंग्रेजों और उनके सामंतों की कालोनी
जहाँ गाँधी ट्रेन से फेंके गए और
लाला लाजपतराय का सर फोड़ा गया
भगत को फांसी हुई तो मिली आज़ाद को गोली

वो कल का कामनवेल्थ था और
ये आज का कामनवेल्थ है
दिल्ली के दिल में
यमुना की गोद में अक्षरधाम का पड़ोसी
जहाँ कई ग़ुलाम हैं और कई सामंत
वही अंग्रेज़ और उनके सामंत नए लिबास में
यहाँ आज भी आवाज़ उठाने की मनाही है

भगत, आज़ाद, लाजपत, तिलक
सभी बसते हैं यहाँ
यहाँ आज भी गाँधी को रोका जाता है
उन्हें जन्मदिन मनाने की आज़ादी नहीं आज भी
कहते हैं लगान वसूल करेंगे

और फिर चूस लेंगे तुम्हें
क्यूँकि तुम कमज़ोर और लाचार हो

बावजूद इसके कि यहाँ सब कुछ सबका है
फिर भी चंद अंग्रेज और उनके चमचे
इस खेलगाँव पर अधिपत्य स्थापित किए हुए हैं
रोज मेरे संविधान की धज्जियाँ उड़ाकर
इस देश के कानून को ताक पर रखते हैं
पर मैं भी सख्त जान हूँ और ये लेखनी भी
ये जितना दबाई जाएगी
लिखावट और धार
उतनी बेहतर होती जाएगी

मैं आशान्वित हूँ अभी

छुप जाते हैं
घर की दरो-दीवार के अंदर
समाज के अदृश्य दृश्य
शायद इसीलिए हम सब
घर में घुसे रहना पसंद करते हैं
रेत में अपनी चोंच घुसाए
शुतुरमुर्ग की तरह
सामने आते शिकारी से बेपरवाह

कुछ इसी तरह ही जीते हैं हम
और शिकार होते हैं
समाज के दुराचार और व्यभिचार का
और सामंती सोच का भी
क्यूँकि घर की दीवारों में
सब छुप जाता है
और कुछ नहीं दिखाई देता
बाहर होने वाला दृश्य
शायद हम देखना भी नहीं चाहते
और सुनना भी नहीं
क्या ये सामाजिक ह्रास नहीं?
कहीं ये ह्रास मानवीयता का तो नहीं?
चल पड़ी हैं बेतार और दूरभाष की प्रथाएँ
सब संजय बन पड़े हैं
महाभारत को पात्र नहीं मिलेंगे अब
श्रीकृष्ण भी यूँ ही लौट जाएँगे
बिना धर्म की रक्षा किए
और अधर्म का नाश किए
लेकिन फिर भी मैं आशान्वित हूँ
कि श्रीकृष्ण सब ठीक करेंगे

स्वतंत्रता दिवस

आत्मिक अनुभूति है और मुझे गर्व है
ये स्वतंत्रता दिवस है ये भारत पर्व है
सर्वत्र असीमित अभिव्यंजना भरा अहसास है
अखंड भारत की प्रतिज्ञा ले रही हर साँस है
कश्मीर से कन्याकुमारी, आकाश गुंजन कर रहा
गुजरात से मेघालया तक, देश पूजन हो रहा
चहुंओर देखो दिख रहा आनंद उस अह्सास का

देश का हर कण उरिण उस श्वास और प्रश्वास का
दिलाई आज़ादी हमें जिसने हमें सर्वस्व देकर
भगत, मोहनदास अपने और अपने चंद्रशेखर
सोचा नहीं इक पल जिनने कभी निज स्वार्थ को
झोंक दी अपनी जवानी औ जान भी देशार्थ को
संभाल कर और संजो कर रखना दोस्तों आज़ादी
समाज हित में समय दोगे तो ही बचेगी आज़ादी

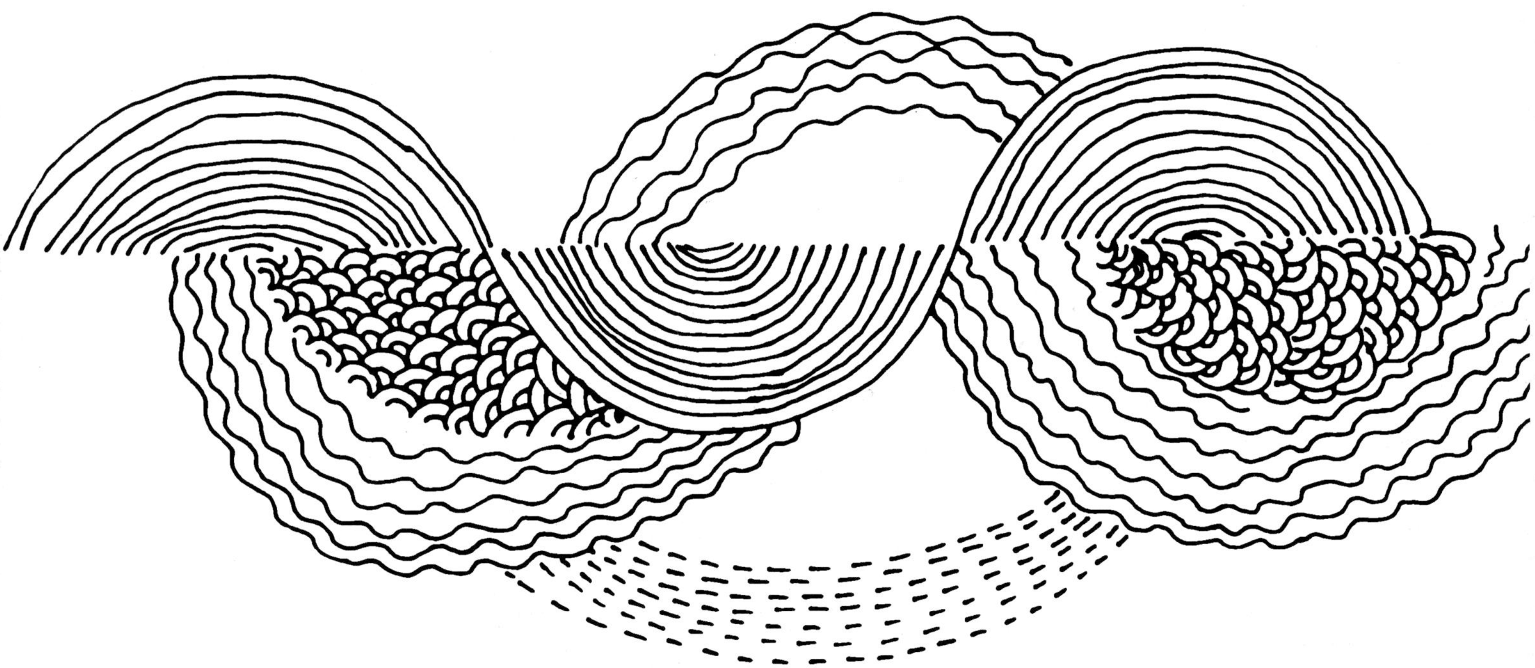

अनासक्त

अनासक्त भाव से जीना

आसान नहीं होता

निर्भाव होना पड़ता है

आसपास घटित होती

अनवरत घटनाओं से

चाहे वो ख़ुद के साथ हों

या दूसरे के साथ

संयम चाहिए

अनासक्त जीने के लिए

फिर देखिए

उल्लास ही उल्लास होगा

तुम्हारे चारों ओर

जो बिखर रहा था कहीं

आसक्ति के पैरों तले

पद्मश्री

अब अच्छे लगने लगे हैं

पद्मश्री पुरस्कार

क्यूँकि मिलने लगे हैं

उन लोगों को

जिनको इनकी चाह नहीं

नहीं करते जो स्पर्धा

किसी से भी

बस करते हैं परोपकार

बहती नदी और फलवृक्षों की तरह

निष्काम, निर्विकार, निर्भाव

गतिशील बनाते रहते हैं

समाज को हरदम हर समय

भरते रहते हैं ईंधन

निस्वार्थ सेवा का

नवभारत की नव उम्मीद बँधाने को

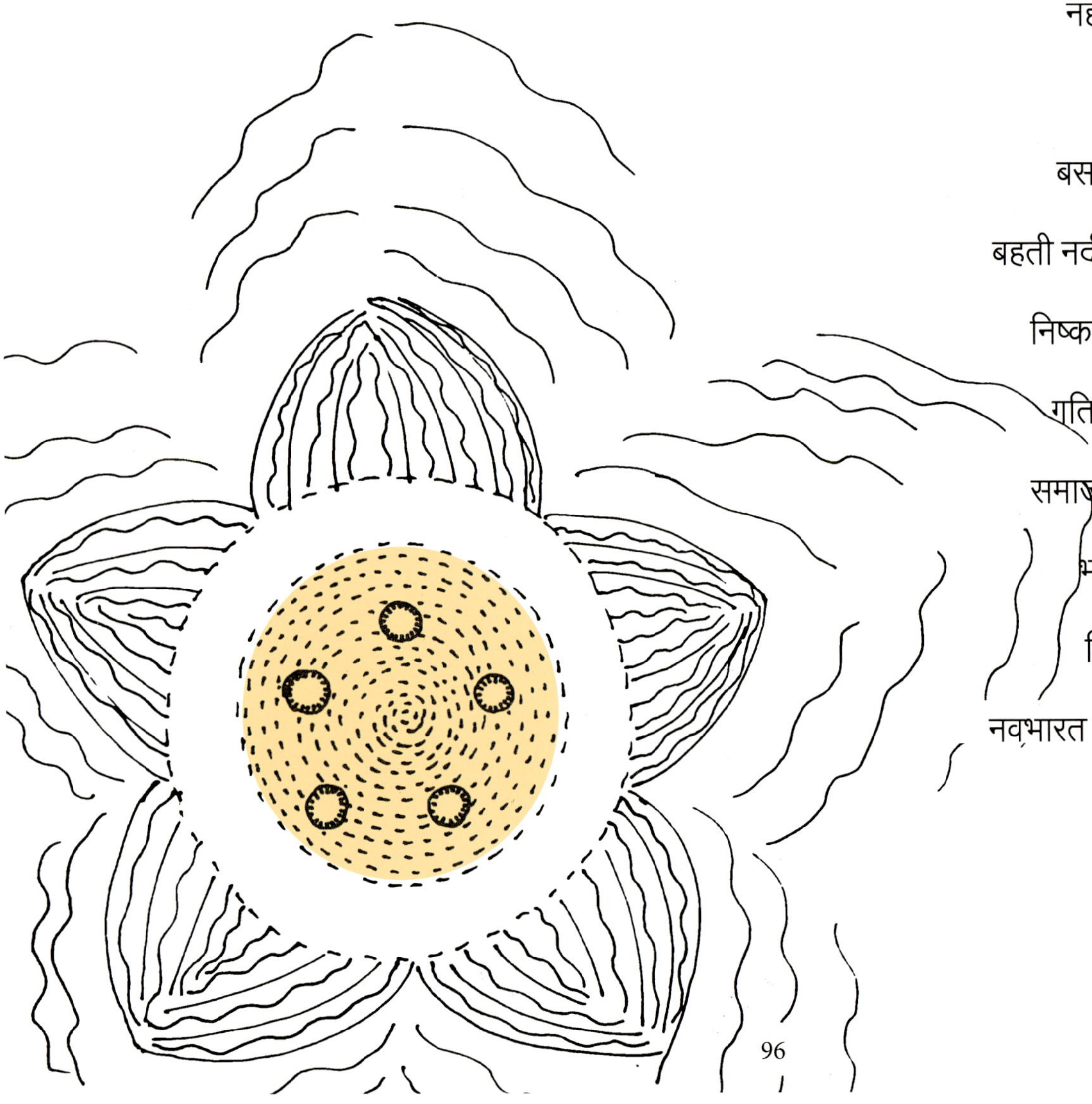

वसंत पंचमी

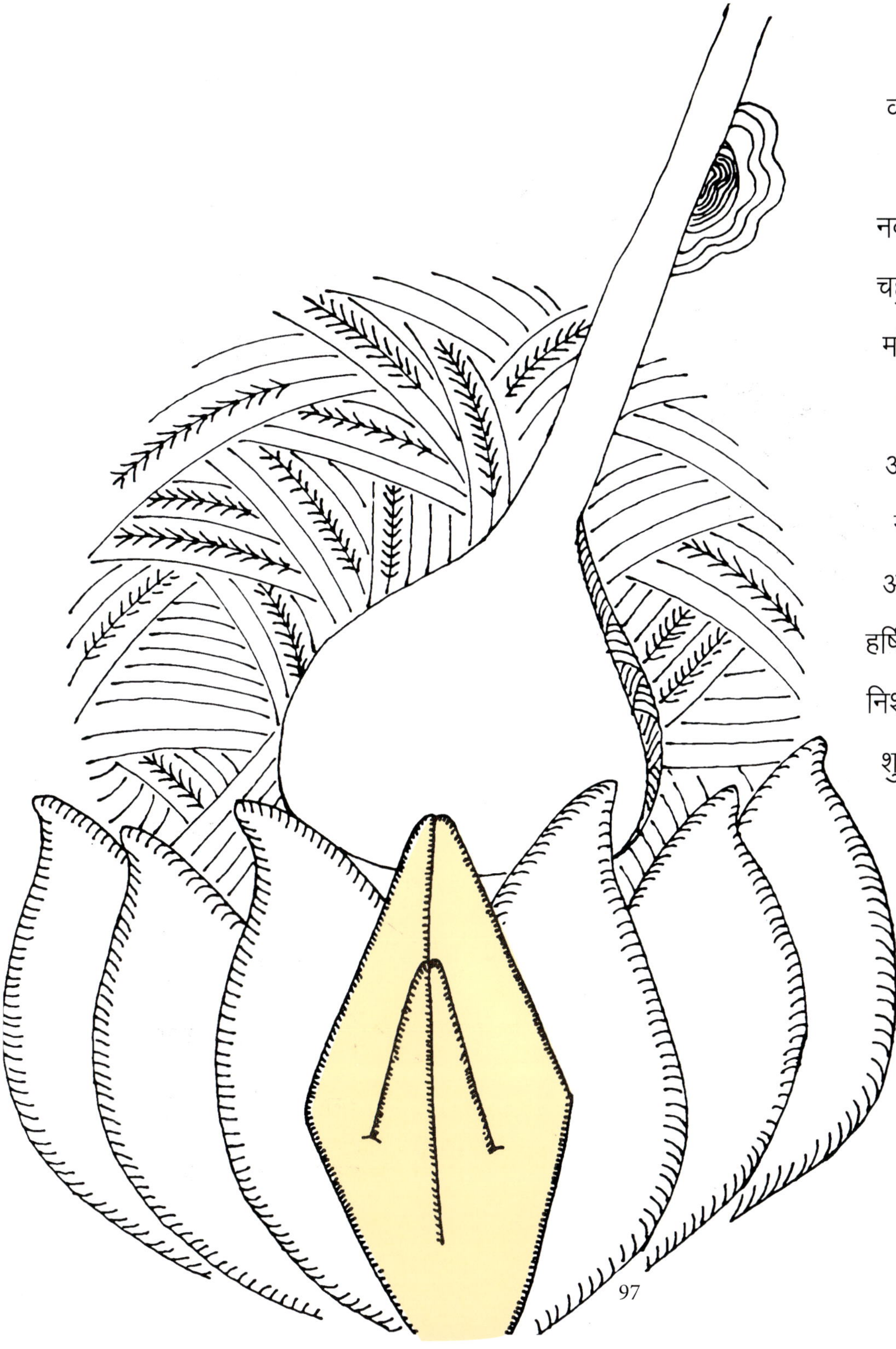

वसंत ऋतु का आगमन है,
माँ शारदे को नमन है,
नव कोपले हैं और हैं लताएँ,
चहुँ ओर सृजन ही सृजन हैं,
माँ शारदा की आराधना है,
और वीणा का नदन है,
आभास सुमधुर हो रहा है,
मातृ चरणों का श्रवण हैं,
आह्लाद के स्वर उठ रहे हैं,
हर्षित जल, थल और गगन हैं,
निश्छल हृदय अभिव्यंजना हैं,
शुभकामना है और नमन है

ये जंगल कौन सा?

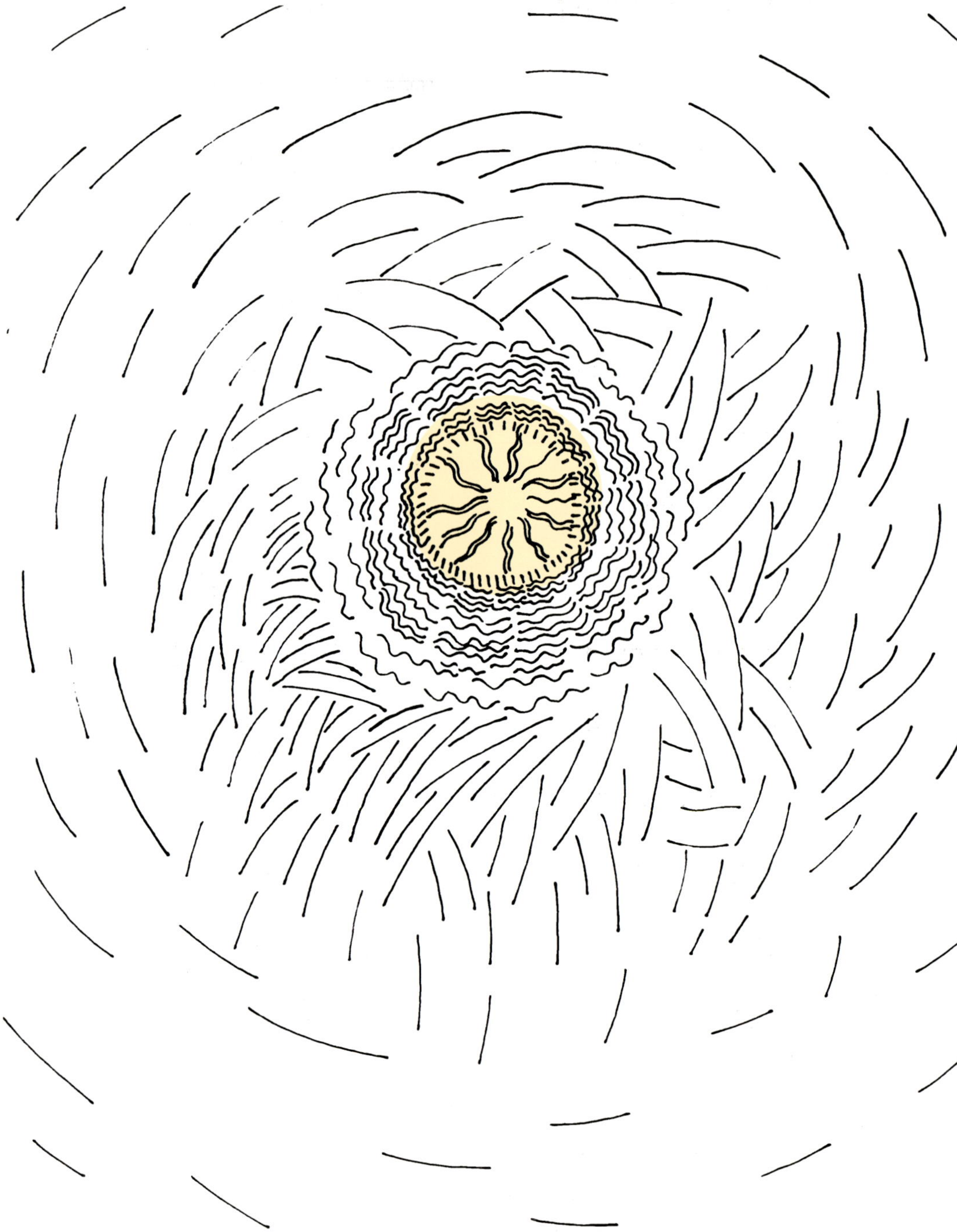

देने शेर को पटखनी
चली भेड़ियों ने चाल
नेता बने वो भेड़ के
हुआ अजब ये हाल
हुआ ग़ज़ब ये हाल
भेड़ को क्या समझाऊँ
रहूँ बियाबान में चुप
और हाथी बन जाऊँ
कहकर ये सब बात
कुछ तो हाथी बन गए
कुछ दिमाग़ था बचा
अभी हम आदमी रह गए
आँखो-देखी बाद की
आज हम तुम्हें सुनाएँ
भेड़ियों के नेता होने से
होता क्या है, बतलाएँ
शातिर थे कुछ भेड़िए

भेड़ की खाल में छुप गए
और वहीं कुछ भेड़िए
भेड़ की भीड़ में घुस गए
घेरें अब वो शेर को
भेड़ को आगे बढ़वाएँ
मरना है तो मरे भेड़
हम शेर पर दाँत गड़ाएँ
घिरता देख अपने आप को
शेर को ग़ुस्सा आया
मारी कभी दहाड़ और
कभी पंजा लहराया
कुछ भेड़ों को दाँत और
किसी को पंजा लग गया
कुछ भेड़ें हो गयी पीछे
और भेड़िया आगे बढ़ गया
उनमें से कुछ भेड़ थीं ऐसी
भेड़ियों की चाल समझ गईं
घायल हो गया शेर अगर
भेड़ियों की चाँदी हो गईं

हुआ शेर को कुछ भी तो
टूटेगा जंगल का अनुशासन
व्यवस्था भी टूटेगी और
फिर होगा भेड़िया शासन
शेर की संख्या एक
भेड़िए हज़ार मिलेंगे
करता है शेर एक शिकार
भेड़िए हज़ार करेंगे
अब भेड़ों को आ गई
समझ में पूरी बात
बता दिया था झुंड को
पीछे हो गई रातों-रात
देख ली फिर शेर ने
भेड़ियों की बारात
आँखों में अंगार ले
दहाड़ा सारी रात
भोर के सूरज से पहले
जंगल में मंगल हो गया
रात भर में शेर का

भेड़ियों से दंगल हो गया
भेड़िए कुछ मारे गए
कुछ घायल कुछ लाचार
कुछ भागे पूँछ दबाए से
दिखाने भेड़ों को अत्याचार
भेड़ें अब साथ नहीं आईं
देने बचे भेड़ियों का साथ
बचे भेड़िए भाग लिए
जंगल से रातों-रात
नई सुबह के साथ थी
आयी नयी उमंग
शेर रहा था घूमता
करके रूप प्रचंड
करके रूप प्रचंड
भेड़िए मार भगाए
हुई शांत फिर भेड़
हाथी भी मुस्कुराए

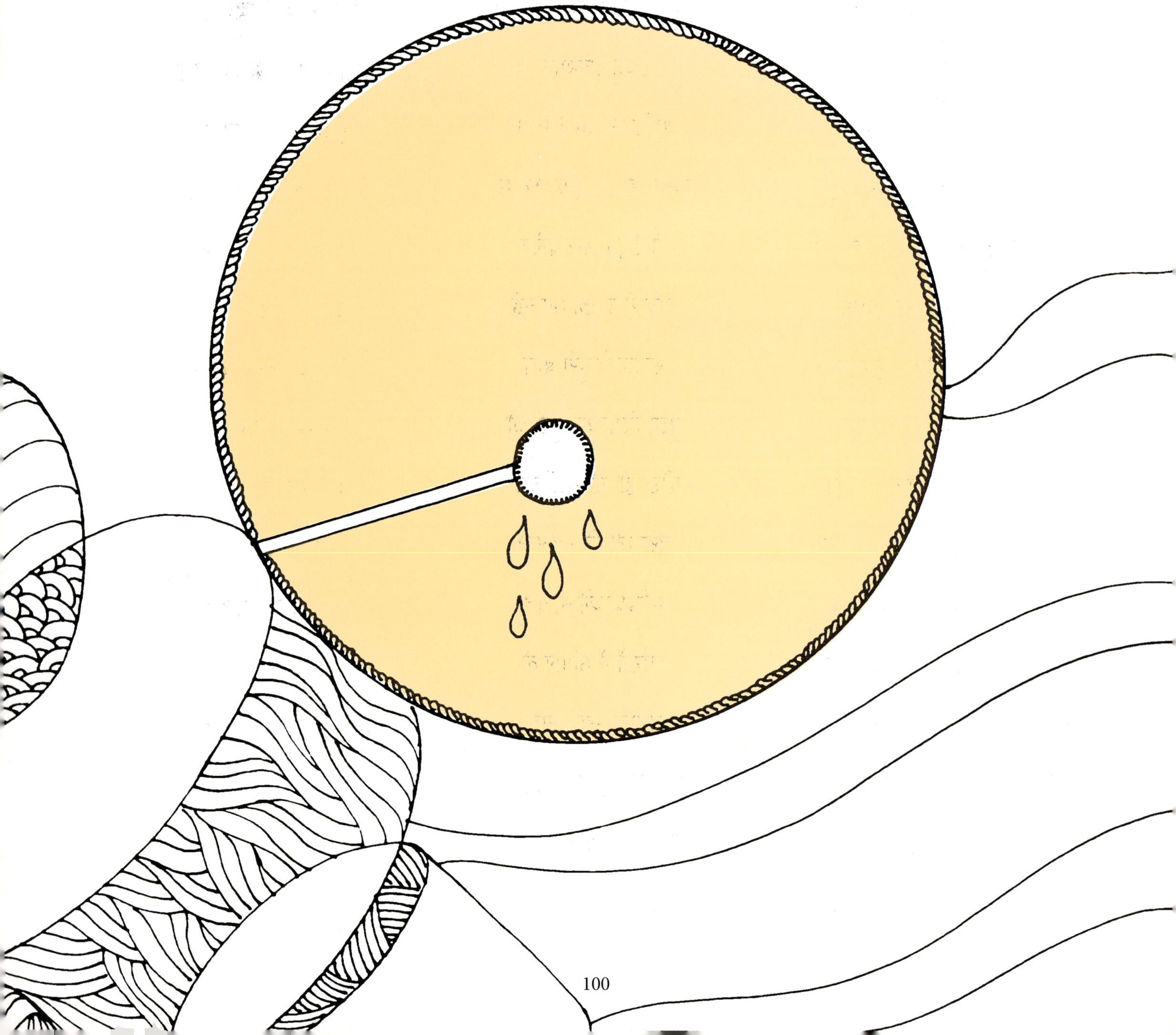

दिल्ली कैंट का बरार स्क्वायर

दिल्ली कैंट के बरार स्क्वायर के
क्रीमेंटोरियम के अंदर इंतज़ार करता हुआ
अचानक सेना के बैंड की दूर से आती आवाज़
सुन रहा हूँ जो धीरे धीरे तेज़ होती जाती है
और उसके साथ ही बोलने लगते हैं मोर ज़ोर ज़ोर से
और तोड़ देने हैं प्रशांति शूरवीरों के शमशान की
कि आ रहा है हमारा हीरो हमारा शेर
बैंड बाजे नगाड़ों के साथ

अपने जीवन साथी के साथ-साथ
मैं देख रहा हूँ लोगों को ये पल क़ैद करते
अपने-अपने मोबाइल के कैमरों में
और मुझे क़ैद करना है इस क्षण को अपनी कलम से
फ़ौज की गाड़ी से निकलते दो ताबूत
जो सवार हैं अपने रेजिमेंट के साथी सैनिकों के कंधों पर
वही साथी जिन्होंने बिठाया था अपने कंधों पर
मेस आउट के समय
देख रहा हूँ सैनिक पत्नियों की आँखों में उतरी हुई टीस
जो दिखाती है उनकी मज़बूती, टीस और खोने के भय को
और इस तरह आती है हमारे शूरवीर की आख़िरी सवारी
बरार स्क्वायर दिल्ली कैंट के क्रीमेटोरियम के अंदर

चेतावनी

उत्तुंग शैल शिखरों से निकली
प्रेम में सराबोर हृद-सरिता को
बाँधने की कोशिश मत करना
जान लेना वो लहरें व्याकुल हैं
आलिंगन को प्रतिबद्ध प्रेमी सी
वो तुम्हें ही नहीं लील जाएँगी
वो लील जाएँगी व्यक्तित्व भी
याद रखना, तुम तुम ना रहोगे
प्रेम तुम्हें जड़ से उखाड़ लेगा
वर्षा से उफ़नती पहाड़ी नदी सा
असफल रहोगे प्रेम को बाँधने में
बहना है तो बहो उस हृद-सरिता में
और अनुभूति करो परमानंद की

नैनीताल

रात भर फ़ुरसत से सुलाकर
ये ख़ूबसूरत सरोवर नगरी नैनीताल
सुबह-सुबह खिड़की से झाँकती हुई
मुझे अँगड़ाइयों से निकलती ताज़गी से
आख़िरकार उठा ही जाती है
और मैं प्यूपा से तितली सा बना
अपने पंख पसारने लगता हूँ
आज की नई सुबह की शुरुआत
नए कर्मों के साथ
और फिर अचानक
कटोरे सी पहाड़ों के बीच
सहेजी हुई सी सरोवर नगरी में
पड़ने लगती हैं मंद-मंद सी बारिश की बूँदें
और अचानक तेज़ होकर टीन की छतों से
बहती हुई परनालों से निकलकर
मेरे पैरों को अपने छींटों से
अहसास दिलाती है शीतलता का
और मैं गेस्ट हाउस की बेंच पे बैठा
प्रकृति को निहारता हुआ भूल जाता हूँ
फिर सारे दुःख दर्द, बेचैनी और कष्ट
अचानक मिट से जाते हैं
और मैं फिर खड़ा हो उठता हूँ
नयी ऊर्जा के साथ
सामना करने आज की नयी चुनौतियों का

व्यवस्था के ब्राह्मण

अहं के दंभ में भीषण अट्टहास करते

मैं सर्वश्रेष्ठ हूँ कहते व्यवस्था के ब्राह्मण

छीन लेते हैं उपलब्धियाँ दूसरों की और

फिर चूस लेते हैं संसाधनों का पूरा जूस

हमें बदलनी होगी ऐसी सामाजिक सोच

जो जन्म देती है इस सोच के हरकारों को

संतप्त

है कठिन इस ताप को चुपचाप सहना
रुदन नहीं, क्रंदन नहीं, बस आप बहना
अदृश्य होना अश्रुधारा का सरस्वती सा
बहना, बस अविरल और चुपचाप बहना

खुली आँखों से देखना वो अनल भयंकर
फिर बंद आँखों में शिव का आह्वान करना
प्रार्थना करना सकुशल रहें शूरवीर सब
देर तक तकना दीवार फिर चुपचाप रहना

कल्पना भी कठिन है अवसान की वैदेह की
असमय घटना, घटना का अकस्मात् घटना
फिर जानना शूरवीरों का धरा से दूर जाना
असहज होना होकर ख़ुद में चुपचाप रोना

आँख से दिल में उतर गए हो अब तुम हमारे
किसी के पुत्र, पति, भाई या फिर दोस्त प्यारे
श्रद्धा सुमन अर्पण तुम्हें मातृभूमि के रखवालों
तुम्हारे लक्ष्य को अपना बना हासिल है करना

पहेलियाँ 1

दुग्ध श्वेत हों केश जिसके
और विस्तृत भाल हो
भृकुटियाँ भी श्वेत जिसकी
चक्षुओं में समर्पण भाव हो
ब्रह्मा सी हो श्वेत दाढ़ी
और सूर्य का सा ताप हो
श्वान रुदन जब चले तब
गज सरीखी चाल हो
देशहित में कर्मगत हो जो
वो बताओ कौन है

पहेलियाँ 2

ओजस्वी और प्रखर वक़्ता
वो सरस्वती पुत्र सा
पढ़ते रहे हम हर समय
उसके निःशब्दता के शब्द भी
और हमने है पढ़ा भी
चलना संवेग अर्थपूर्ण ग्रीवा का
मूर्ति शाश्वत राष्ट्रवाद की
देश रक्त में भरा हुआ
टल न पाए शब्द जिसके
वो रार ठाने कौन है?

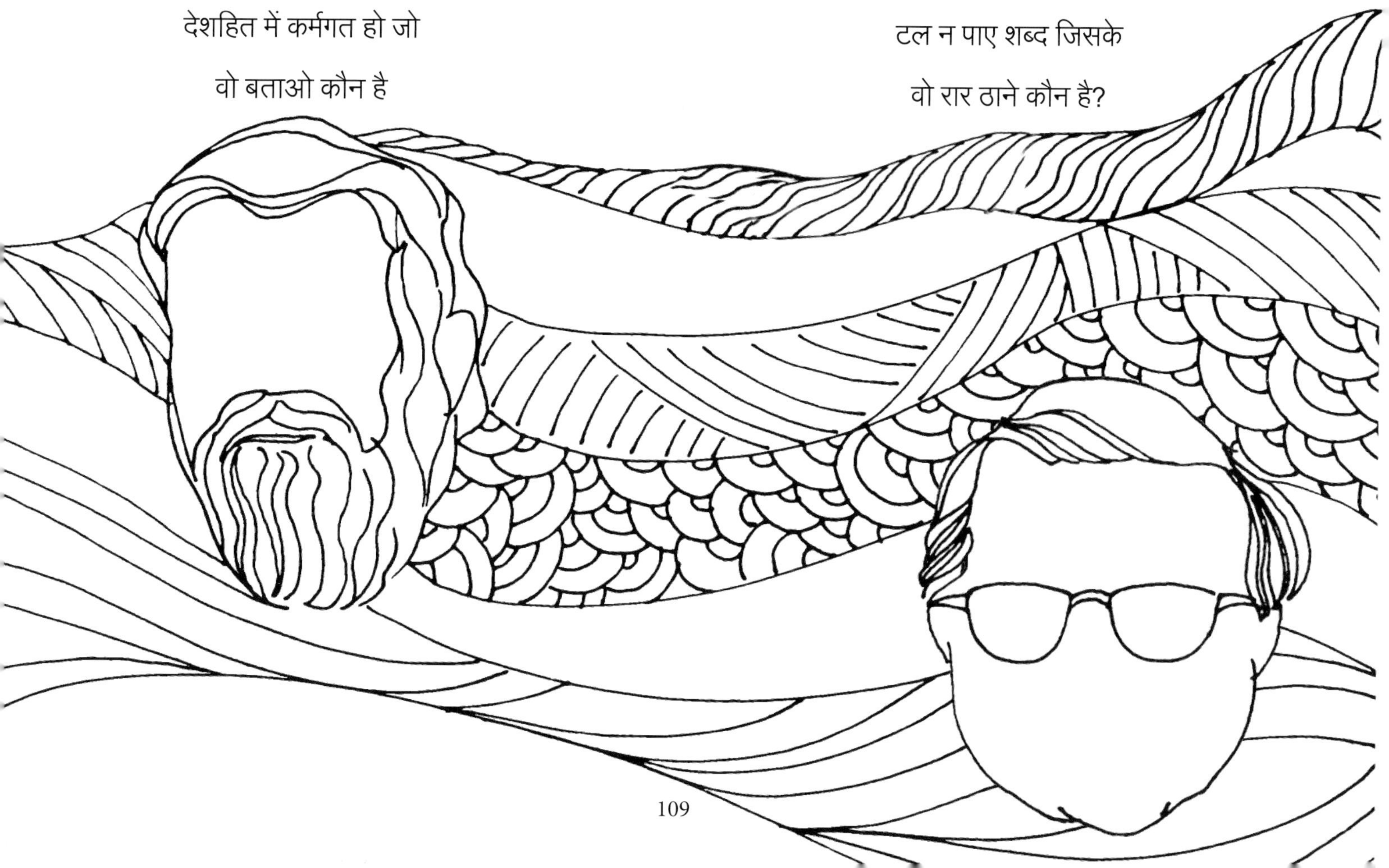